ATLAS GRAMMATICAL

OU TABLEAUX SYNOPTIQUES

DE LA GRAMMAIRE FRANÇAISE,

Par J. L. TEMPORAL,

Auteur de la Géographie pratique de la France.

PRIX :

Atlas, broché. . . . . **3 fr.**
Id. cartonné. . . . . **3 fr. 50 c.**
Exercices, 1 vol. in-12 . . . . . . **75 c.**

A CHALON-SUR-SAONE,

Chez tous les Libraires,
Chez MM. BRILLE et GUICHARD, Papetiers, Grand'Rue,
Et chez l'Auteur, rue de la Motte, n° 17.
1844.

Chalon s. s., typ. Montalan.

ATLAS GRAMMATICAL

OU TABLEAUX SYNOPTIQUES

DE LA GRAMMAIRE FRANÇAISE,

Par J. EXTEMPORAL,

Auteur de la Géographie pratique de la France.

Pour s'instruire, dit Lemare, il ne suffit pas d'apprendre, il faut encore retenir. — Nous possédons sur la langue française des traités complets où tous les principes, toutes les difficultés, sont exposés avec méthode et clarté, et accompagnés d'exemples nombreux, choisis dans nos meilleurs écrivains ; mais ces cours volumineux, véritables codes de notre langue, sont des dictionnaires que l'on consulte au besoin, et non des ouvrages qu'on puisse étudier tout d'abord. D'autres traités, dits élémentaires, résument les premiers, et sans en diminuer une seule règle, une seule exception, renferment seulement la matière dans un texte moins développé : ce sont ceux que les écoles ont adoptés. Ces abrégés, plus faciles sans doute, laissent encore trop de travail à l'esprit de l'enfant, peu capable de rassembler, de classer les faits qu'il a appris, et c'est ce qui nous explique pourquoi, après plusieurs années employées à cette étude, il conserve si peu le souvenir des règles qui lui ont coûté tant de travail et souvent tant de larmes. C'est pour venir en aide à la jeunesse ; c'est pour que le fruit de ses efforts ne soit point perdu, que nous publions cet **Atlas Grammatical**, dont le but est de présenter aux yeux, en même temps qu'à l'intelligence, un ensemble méthodique et raisonné des nombreuses règles de la Grammaire Française, afin d'en rendre l'étude plus facile et la connaissance plus assurée. Les **Tableaux synoptiques** ont l'avantage de rassembler, de placer dans leurs positions respectives toutes les parties d'un livre qui se correspondent ; de rattacher à une idée principale toutes celles qui en dérivent, et de présenter à l'esprit un tout composé de parties qui, ainsi coordonnées, permettent de saisir facilement les rapports nécessaires à l'intelligence d'une science.

DIVISION DE L'ATLAS GRAMMATICAL.

Pour écrire et pour parler correctement, il faut 1° connaître l'idée fondamentale des mots et les idées accessoires qu'ils représentent, ou l'**Idéologie**. 2° les règles d'accord auxquelles ils sont assujettis, ou la **Syntaxe.** La syntaxe ayant elle-même pour objet de régler l'accord des mots entre eux et leur arrangement dans le discours, donne nécessairement lieu à deux divisions : La **Concordance** et la **Construction**. L'Atlas Grammatical se divisera donc en trois parties :

L'**Idéologie**, idée fondamentale et idées accessoires des mots.

La **Concordance**, accord des mots entre eux, ou orthographe relative.

La **Construction**, emploi et arrangement des mots dans le discours.

ORDRE DES TABLEAUX.

L'Idéologie comprend 7 tableaux :

- 1er. Classification des mots. Définitions des dix parties du discours, leurs divisions et leurs subdivisions.
- 2e. Variabilité des mots. Idées accessoires de genre, de nombre, de personne, de mode et de temps.
- 3e Formation du genre, du nombre et des personnes.
- 4e. Conjugaisons des verbes réguliers.
- 5e. Conjugaisons des verbes irréguliers et défectueux.
- 6e. Observations sur les verbes : le radical et la finale ; les temps simples et les composés ; les temps primitifs et les dérivés ; l'emploi de l'accent circonflexe.
- 7e Analyse grammaticale.

La Concordance comprend 3 tableaux :

- 8e. Règles d'accord du NOM, de l'ARTICLE, et de l'ADJECTIF QUALIFICATIF.
- 9e. Règles d'accord de l'ADJECTIF DÉTERMINATIF, du PRONOM et du VERBE.
- 10e. Règles d'accord des PARTICIPES. Emploi des MAJUSCULES et des signes orthographiques.

La Construction comprend 6 tableaux :

- 11e. Emploi du NOM, de l'ARTICLE et de l'ADJECTIF.
- 12e. Emploi du PRONOM.
- 13e. Emploi du VERBE.
- 14e. Emploi des PARTICIPES, de la PRÉPOSITION, de l'[illegible]; de la CONJONCTION et de l'INTERJECTION.
- 15e. Remarques particulières.
- 16e. Analyse logique et Ponctuation.

Ainsi, comme on le voit, 16 tableaux renferment toutes les règles de la Grammaire Française. Nous y avons ajouté des tableaux muets ou de rappel, à l'aide desquels on peut s'assurer si l'élève possède bien les principes développés dans l'Atlas ; ces derniers peuvent encore par le rapprochement des divisions principales devenir d'excellents tableaux mnémoniques.

Des exercices divisés d'après l'ordre des tableaux, comprendront beaucoup d'observations qui n'ont pas dû trouver place dans l'ouvrage, et permettront de faire une application graduée et complète de toutes les règles qui régissent la langue française.

Cet ouvrage, incontestablement utile aux instituteurs, se recommande également aux personnes qui ont pu oublier cette partie de leurs études, et aux mères qui se chargent de l'éducation de leurs enfants.

Choisy l. r., typ. [illegible]

1844

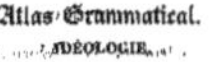

Atlas Grammatical.

IDÉOLOGIE.

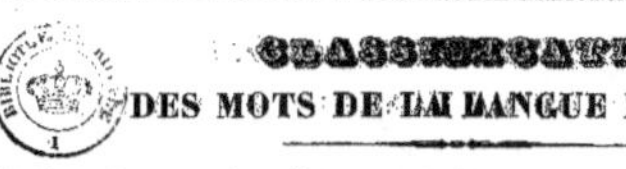

CLASSIFICATION DES MOTS DE LA LANGUE FRANÇAISE.

1er TABLEAU.

Éléments du Discours.

La GRAMMAIRE FRANÇAISE est l'art d'exprimer ses idées en français, soit en parlant, soit en écrivant. Pour parler et pour écrire, on emploie des MOTS, qui se composent de LETTRES; les mots réunis forment des PROPOSITIONS, les propositions des PHRASES, et les phrases un DISCOURS.

Lettres. La langue française se forme par la combinaison de vingt-cinq caractères, appelés LETTRES. Ces lettres sont : **a, b, c, d, e, f, g, h, i, j, k, l, m, n, o, p, q, r, s, t, u, v, x, y, z.** On les divise en VOYELLES et en CONSONNES. Les voyelles, ainsi nommées, parce que seules elles forment un son ou une voix, sont : **a, e, i, o, u** et **y**, les autres lettres sont appelées consonnes parce qu'elles ne peuvent former un son qu'avec le secours des voyelles. Ainsi *b* ne peut former un son qu'à l'aide d'une des voyelles *a, e, i, o, u,* comme *ba, be, bi, bo, bu.*

Il y a trois sortes d'e :
- l'**e muet,** dont le son est peu sensible, et qui se prononce comme dans le mot HOMME.
- l'**é fermé,** surmonté d'un accent aigu, et qui se prononce comme dans le mot BONTÉ.
- l'**è ouvert,** surmonté d'un accent grave, et qui se prononce comme dans le mot EXCÈS.

La lettre h est :
- **muette,** c'est-à-dire nulle, comme dans HOMME, HONNÊTE. On dit : L'HOMME et non pas LE HOMME; L'HONNÊTE et non pas LE HONNÊTE.
- **aspirée,** c'est-à-dire faisant prononcer avec aspiration la voyelle qui suit. On dit LE HÉROS, LA HAINE, et non pas L'HÉRO, L'HAINE.

Mots. Les Mots sont les signes de nos idées, ils se composent de lettres qui seules ou assemblées entre elles forment des *syllabes* : NOUS, RANG, LOI, sont des mots formés d'une seule syllabe, RUBAN est formé de deux, ORTHOGRAPHE est composé de quatre.

Proposition. La Proposition est la réunion de plusieurs mots formant l'expression d'une pensée : *Dieu est juste et bon* est une proposition.

Phrase. La Phrase est une proposition ou la réunion de plusieurs propositions formant un sens complet : *l'homme prudent sait demander des conseils et les suivre* est une phrase.

Discours. Le discours est en général la réunion de plusieurs phrases présentant toute la pensée de celui qui parle. Quand il est d'une certaine étendue, il se divise en *livres, chapitres, paragraphes, périodes* ou *alinéas.*

Les mots de la langue française se divisent en dix classes, nommées les dix parties du discours.

1° Le NOM ou SUBSTANTIF,
mot qui sert à désigner une personne ou une chose : HOMME, CHEVAL, MAISON, BONHEUR. Il se divise en :

- **NOM PROPRE,** celui qui ne convient qu'à une seule personne ou à une seule chose : PARIS, ADAM, LA SEINE, PIERRE, PAUL, etc.
- **NOM COMMUN,** celui qui convient à toutes les personnes et à toutes les choses de même espèce : ARBRE, FEMME, FRAISE, etc. Il se divise en :
  - **Nom commun proprement dit.**
  - **Nom commun collectif,** celui qui sous la forme du singulier désigne plusieurs personnes ou plusieurs choses : ARMÉE, FORÊT, PEUPLE, FOULE. Il se divise en :
    - **Collectif général,** celui qui désigne la totalité ou une quantité déterminée des personnes ou des choses dont on parle : LA FOULE *s'est dispersée;* LA MULTITUDE, LA TROUPE.
    - **Collectif partitif,** celui qui désigne seulement une partie non déterminée des personnes ou des choses dont on parle : UNE FOULE *de jeunes gens ont été arrêtés.*—Lorsqu'un collectif est précédé de UN, UNE, il est *partitif*; autrement il est *général.*

2° L'ARTICLE,
petit mot que l'on met devant les noms pour en déterminer la signification, et en faire connaître le nombre et le genre : LE *livre,* LA *maison,* LES *hommes.* Il se divise en :

- **ARTICLE SIMPLE**; c'est l'article proprement dit; il fait LE pour le masculin singulier, LA pour le féminin singulier, LES pour le pluriel des deux genres.
  - **Élision.** L'élision dans l'article est la suppression de l'*e* dans LE et de l'*a* dans LA, lorsque le mot qui suit commence par une voyelle ou une *h* muette; on dit L'AME, L'HONNEUR, L'OISEAU, et non la âme, le honneur, le oiseau.
- **ARTICLE COMPOSÉ**; c'est celui qui est formé par la contraction d'un article simple et d'une des prépositions **à** et **de** : **du** est mis par *de le,* **des** pour *de les,* **au** et **aux** pour *à le* et *à les.*

3° L'ADJECTIF,
mot qui s'ajoute au nom pour le qualifier ou le déterminer, en en précisant la signification : MON SEL *habit* BLEU; CE *livre est* UTILE, INSTRUCTIF, AMUSANT. Il se divise en :

- **ADJECTIF QUALIFICATIF,** qui sert à marquer la qualité d'une personne ou d'une chose : *l'écolier* PARESSEUX, *le champ* FERTILE, *la maison* ÉLÉGANTE, *l'enfant* POLI. Il renferme trois nuances de signification :
  - **Positif.** Le positif est l'adjectif même, comme BON, BONNE, HUMAIN, MÉCHANT, etc.
  - **Comparatif.** Le comparatif exprime la comparaison et se forme par les mots PLUS, MOINS, AUSSI placés devant l'adjectif.
  - **Superlatif.** Le superlatif exprime la qualité portée au plus haut degré. Il y a deux sortes de superlatifs :
    - le **Sup. absolu,** formé par les mots TRÈS, FORT, BIEN : *il est* TRÈS-GRAND, BIEN-BON, FORT INSTRUIT.
    - le **Sup. relatif,** formé par les mots LE PLUS, LE MOINS : *il est* LE PLUS GRAND, LE MOINS UTILE.
- **ADJECTIF DÉTERMINATIF,** qui s'ajoute au substantif pour en préciser ou restreindre la signification : DEUX *hommes,* SON *livre,* CETTE *femme,* TOUS *les enfants.* Il se divise en :
  - **Adj. possessif,** qui ajoute au nom une idée de possession : MON, TON, SON, NOTRE, VOTRE, LEUR, sont des adjectifs possessifs.
  - **Adj. numéral,** qui ajoute au nom une idée de nombre ou d'ordre; il se divise en adjectif de nombre :
    - **Ordinal,** qui marque l'ordre et le rang : PREMIER, DEUXIÈME, VINGTIÈME, etc.
    - **Cardinal,** qui marque le nombre, la quantité : UN, DEUX, TROIS, QUARANTE, CENT, etc.
  - **Adj. démonstratif,** qui ajoute au nom une idée d'indication : CE, CET, CETTE, CES; CE *livre,* CETTE *maison,* CET *oiseau,* CES *hommes.*
  - **Adj. indéfini,** qui ajoute au nom une idée vague de détermination, comme TOUT, NUL, QUELQUE, PLUSIEURS.

4° Le PRONOM,
mot qui se met à la place du nom pour en éviter la répétition et en rappeler l'idée : *mon frère est malade,* IL *pleure;* IL représente mon frère, dont il évite la répétition. Il se divise en :

- **PR. PERSONNEL,** qui rappelle l'idée d'une personne plus spécialement qu'aucun autre pronom; il y a trois personnes :
  - **1re personne,** celle qui parle, représentée par JE, ME, MOI, NOUS.
  - **2e personne,** celle à qui l'on parle, représentée par TU, TE, TOI, VOUS.
  - **3e personne,** celle de qui l'on parle, représentée par IL, ILS, EUX, ELLE, ELLES, LE, LA, LES, LUI, LEUR, SE, SOI.
- **PR. DÉMONSTRATIF,** qui rappelle l'idée d'une personne ou d'une chose, en la désignant expressément : CE, CELUI, CELLE, CELUI-CI, CELLE-CI, CEUX, CEUX-CI, CEUX-LA, CECI, CELA.
- **PR. POSSESSIF,** qui rappelle l'idée d'une personne ou d'une chose en y ajoutant une idée de possession; ce sont : LE MIEN, LE TIEN, LE SIEN, LE NÔTRE, LE VÔTRE, LE LEUR, etc.
- **PR. RELATIF,** ainsi nommé parce qu'il se rapporte au nom ou pronom qui précède, et qu'on appelle son *antécédent;* ce sont : QUI, QUE, QUOI, DONT, LEQUEL, EN et Y.
- **PR. INDÉFINI,** qui représente les personnes ou les choses d'une manière vague et indéterminée; ce sont : ON, QUELQU'UN, CHACUN, QUICONQUE, PERSONNE, AUTRUI, L'UN, L'AUTRE, etc.

5° Le VERBE,
mot qui exprime l'affirmation; il marque aussi l'action, le sentiment, ou l'état : PARLER, COURIR, ÊTRE, DORMIR, sont des verbes. On le divise en :

- **VERBE SUBSTANTIF,** celui qui exprime l'existence du sujet, sans modification déterminée. Il n'y en a qu'un, c'est le verbe ÊTRE.
- **VERBE ADJECTIF,** celui qui exprime l'existence avec une modification déterminée, soit d'action, soit de qualité. Il se divise en :
  - **V. actif,** qui marque une action faite par un sujet, et qui peut avoir un complément direct : *nous* AIMONS *l'étude; vous* FRAPPEZ *votre frère,* etc.
  - **V. passif,** qui marque une action supportée par le sujet; il se forme toujours du participe passé d'un verbe actif joint à l'auxiliaire ÊTRE : NOUS SOMMES *frappés,* etc.
  - **V. neutre,** qui marque une action faite par le sujet, mais qui ne peut avoir un complément direct : JE *dors,* TU *languis; ces hommes* VOYAGENT, etc.
  - **V. pronominal,** qui marque l'action, et se conjugue toujours avec deux pronoms de la même personne : JE *me repens;* NOUS *nous empressons,* etc. On le divise en : PRONOMINAL ESSENTIEL, PRONOMINAL ACCIDENTEL. Voyez le tableau des conjugaisons.
  - **V. impersonnel,** qui ne se conjugue dans tous ses temps qu'à la troisième personne du singulier : IL *pleut,* IL *faut,* IL *neige,* IL *grêle,* etc.

6° Le PARTICIPE,
mot qui tient de la nature du verbe et de celle de l'adjectif. Il tient du verbe par la signification et le complément, de l'adjectif par la qualification : AIMANT, AIMÉ. Il se divise en :

- **PARTICIPE PRÉSENT,** qui exprime une action, présente actuellement ou présente dans le moment où elle avait lieu; il est toujours terminé par ANT : *c'est une personne d'un naturel doux, jamais ne* GRONDANT, *ne* CONTREDISANT, *ne* DÉSOBLIGEANT; *je les ai entendus* MURMURANT *tout bas,* etc.
- **PARTICIPE PASSÉ,** qui exprime une action passée; il est ordinairement précédé d'un des temps du verbe ÊTRE ou du verbe AVOIR : *je suis* AIMÉ, *nous avons* ENTENDU, *vous aviez* PRÉFÉRÉ.

7° L'ADVERBE,
mot invariable.
- Sa fonction est de modifier un verbe, un adjectif ou un autre adverbe : il travaille ASSIDÛMENT *et* ATTENTIVEMENT; *il est* TRÈS-*poli,* MOINS *souvent,* PLUS *fréquemment.*
- Lorsqu'un adverbe est formé de plusieurs mots, il prend le nom de **locution adverbiale,** comme TOUT-A-COUP, SANS DOUTE, SUR-LE-CHAMP, etc.

8° La PRÉPOSITION,
mot invariable.
- Elle exprime les rapports que les mots ont entre eux, et se place devant les noms et les pronoms : DANS *la maison,* PENDANT *l'hiver,* PAR *son ami.*
- Lorsqu'une préposition est formée de plusieurs mots, elle prend le nom de **locution prépositive,** comme AU-DEVANT DE, AU-DESSUS DE, PRÈS DE, etc.

9° La CONJONCTION,
mot invariable.
- Elle sert à unir deux mots de même espèce ou deux membres de phrase : *le frère* ET *la sœur; Alexandre* OU *Napoléon; il faut* QUE *vous travailliez,* ET QUE *vous soyez soumis.*
- Lorsqu'une conjonction est formée de plusieurs mots, elle prend le nom de **locution conjonctive,** comme DE MÊME QUE, AINSI QUE, PARCE QUE, etc.

10° L'INTERJECTION,
mot invariable qui exprime les mouvements subits de l'âme, relatifs à la douleur ou au plaisir : *ah! oh! eh! hé! hola! hélas! fi! aïe! hé bien! hola! paix! chut!* etc.

Clichés t. 1. Typ. Wittersheim.

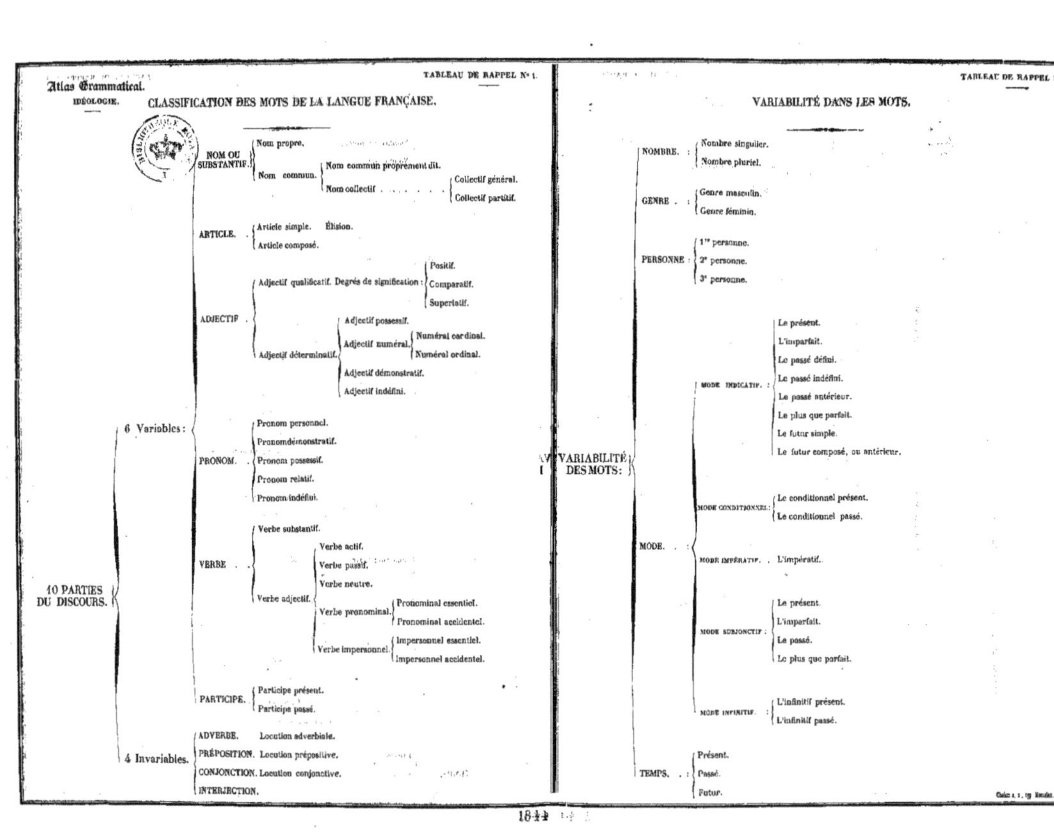
Atlas Grammatical.
TABLEAU DE RAPPEL N° 1.
IDÉOLOGIE.
CLASSIFICATION DES MOTS DE LA LANGUE FRANÇAISE.
10 PARTIES DU DISCOURS.
6 Variables :
NOM OU SUBSTANTIF.
Nom propre.
Nom commun.
Nom commun proprement dit.
Nom collectif
Collectif général.
Collectif partitif.
ARTICLE.
Article simple. Élision.
Article composé.
ADJECTIF
Adjectif qualificatif. Degrés de signification :
Positif.
Comparatif.
Superlatif.
Adjectif déterminatif.
Adjectif possessif.
Adjectif numéral.
Numéral cardinal.
Numéral ordinal.
Adjectif démonstratif.
Adjectif indéfini.
PRONOM.
Pronom personnel.
Pronom démonstratif.
Pronom possessif.
Pronom relatif.
Pronom indéfini.
VERBE
Verbe substantif.
Verbe adjectif.
Verbe actif.
Verbe passif.
Verbe neutre.
Verbe pronominal.
Pronominal essentiel.
Pronominal accidentel.
Verbe impersonnel.
Impersonnel essentiel.
Impersonnel accidentel.
PARTICIPE.
Participe présent.
Participe passé.
4 Invariables.
ADVERBE. Locution adverbiale.
PRÉPOSITION. Locution prépositive.
CONJONCTION. Locution conjonctive.
INTERJECTION.
TABLEAU DE RAPPEL N° 2
VARIABILITÉ DANS LES MOTS.
VARIABILITÉ DES MOTS :
NOMBRE.
Nombre singulier.
Nombre pluriel.
GENRE.
Genre masculin.
Genre féminin.
PERSONNE :
1re personne.
2e personne.
3e personne.
MODE.
MODE INDICATIF :
Le présent.
L'imparfait.
Le passé défini.
Le passé indéfini.
Le passé antérieur.
Le plus que parfait.
Le futur simple.
Le futur composé, ou antérieur.
MODE CONDITIONNEL :
Le conditionnel présent.
Le conditionnel passé.
MODE IMPÉRATIF.
L'impératif.
MODE SUBJONCTIF :
Le présent.
L'imparfait.
Le passé.
Le plus que parfait.
MODE INFINITIF.
L'infinitif présent.
L'infinitif passé.
TEMPS.
Présent.
Passé.
Futur.

DES CAUSES DE VARIABILITÉ DANS LES MOTS.

Les causes de variabilité, ou changement de terminaison dans les mots, sont : le GENRE, le NOMBRE, la PERSONNE, le MODE et le TEMPS.

Si l'on met en regard :
- 1° **Soldat, brave, remporter, victoire.**
- 2° **Les soldats braves remportent des victoires.**

Il sera facile de remarquer que dans le premier cas les mots sont sans liaison entre eux ; leur forme, toujours invariable, représente l'idée fondamentale que chaque mot est chargé d'exprimer. L'ortographe qui donne la forme des mots pris isolément, tels qu'on les trouve dans les dictionnaires, prend le nom d'**Orthographe absolue** ou d'**usage**. Nos exercices donneront un grand nombre de moyens pour vaincre les difficultés de cette orthographe.

Dans le second cas, les mots mis en rapport, indépendamment de l'idée fondamentale attachée à chacun d'eux, expriment des idées accessoires de genre, de nombre, de personne, de mode et de temps, qui sont indiquées par leur changement de terminaison. L'orthographe qui détermine la forme de ces mots suivant leurs rapports accessoires, prend le nom d'**Orthographe relative** ou de **principes**. Le tableau des causes de variabilité a pour but de faire connaître toutes les idées accessoires que peuvent présenter les mots de notre langue.

CAUSES de VARIABILITÉ.

- **NOMBRE.** C'est la forme que prend un mot pour indiquer un ou plusieurs objets, ou son rapport à un ou à plusieurs objets. Il y a deux nombres :
  - **Nombre singulier,** celui qui désigne une seule personne ou une seule chose : la MAISON, un LIVRE, le CHEVAL, une TABLE.
  - **Nombre pluriel,** celui qui désigne plusieurs personnes ou plusieurs choses : les MAISONS, les LIVRES, les CHEVAUX, les TABLES.
- **GENRE.** C'est la forme que prend un mot pour indiquer un être mâle ou femelle, ou son rapport à un être mâle ou femelle. Les êtres inanimés ont aussi reçu par analogie la distinction du genre. Il y a deux genres :
  - **Genre masculin,** celui qui représente les êtres mâles, et qui s'applique aux substantifs devant lesquels on peut mettre *le* ou *un* : LE CHEVAL, UN LIVRE, UN MOT.
  - **Genre féminin,** celui qui représente les êtres femelles, et qui s'applique aux substantifs devant lesquels on peut mettre *la* ou *une* : LA FEMME, UNE TABLE.
- **PERSONNE.** C'est le rôle que remplit un mot dans le discours, ou la forme qu'il prend pour indiquer son rapport à l'une des trois personnes :
  - **1re personne,** celle qui parle : JE LIS, NOUS VOULONS.
  - **2e personne,** celle à qui l'on parle : TU VEUX, VOUS COUREZ.
  - **3e personne,** celle de qui l'on parle : ILS ÉCRIVENT, L'ENFANT PLEURE.
- **MODE.** C'est la forme que prend le verbe pour indiquer de quelle manière s'accomplit l'action qu'il exprime. Il y a cinq modes :
  - **Mode indicatif,** qui présente l'action comme certaine, dans un temps présent, passé ou futur : JE TRAVAILLE, J'AI TRAVAILLÉ, JE TRAVAILLERAI. Il renferme huit temps :
    - Le **Présent**, qui exprime une action présente au moment où l'on parle : JE LIS ; VOUS ÉCRIVEZ.
    - L'**Imparfait**, qui exprime une action passée, mais présente par rapport à un autre temps : IL RIAIT *quand nous entrâmes*, IL CHANTAIT *ce matin*.
    - Le **Passé défini**, qui exprime une action parfaitement achevée dans un temps entièrement écoulé : IL ACHEVA *la semaine dernière* ; IL VINT, NOUS APPRîMES.
    - Le **Passé indéfini**, qui exprime l'action dans un temps entièrement écoulé ou non : IL EST VENU *la semaine dernière ou cette semaine* ; IL A TRAVAILLÉ *ce matin*.
    - Le **Passé antérieur**, qui exprime une action passée, suivie d'une autre également passée et immédiate : *quand* IL EUT FINI, *il s'en alla*.
    - Le **Plus que parfait**, qui exprime une action passée, relative à une autre également passée, mais immédiate ou non : NOUS AVIONS FINI *depuis longtemps quand il arriva*.
    - Le **Futur simple**, qui exprime une action ou un état à venir : *demain* J'IRAI *vous voir* ; NOUS PARTIRONS *bientôt* ; *nous* SERONS *contents de vous*.
    - Le **Futur composé**, passé ou antérieur, qui exprime une action à faire, mais qui sera faite avant une autre également à faire : NOUS AURONS ACHEVÉ *quand vous viendrez*.
  - **Mode conditionnel,** qui présente l'action sous l'idée d'une condition : JE TRAVAILLERAIS *si j'avais un livre*. Il renferme deux temps :
    - **Conditionnel présent**, qui exprime une action conditionnelle, relative à un temps présent ou futur : JE PARTIRAIS *aujourd'hui ou demain si je le pouvais*.
    - **Conditionnel passé**, qui exprime une action conditionnelle, relative à une époque passée : J'AURAIS LABOURÉ *hier s'il n'avait pas plu* ; on dit aussi J'EUSSE LABOURÉ.
  - **Mode impératif,** qui présente l'action sous l'idée du commandement ou de la prière ; il ne se divise pas sous le rapport du temps : il peut exprimer un présent ou un futur : TRAVAILLE *maintenant*, FAIS *cela demain matin*.
  - **Mode subjonctif,** qui présente l'action placée sous la dépendance d'un autre verbe ; il exprime le doute : *Je désire qu'*IL FASSE *cet ouvrage ; il faut que* VOUS ÉCOUTIEZ. Il renferme quatre temps :
    - **Subjonctif présent**, qui exprime une action subordonnée, relative à un temps présent ou futur : *je désire que* VOUS PARTIEZ *à l'instant ou demain*.
    - **Imparfait**, qui exprime une action subordonnée, relative à une époque passée, ou future par rapport au premier verbe : *on désirait que* JE CHANTASSE.
    - **Passé**, qui exprime une action subordonnée, passée au moment où l'on parle, ou passée relativement au premier verbe : *je désire qu'*IL AIT RÉUSSI ; *il ne viendra pas qu'*IL N'AIT FINI.
    - **Plus que parfait**, qui exprime une action subordonnée, passée dans un temps antérieur : *On aurait désiré que* VOUS FUSSIEZ PARTI, *que* VOUS EUSSIEZ TERMINÉ *plus tôt*.
  - **Mode infinitif,** qui exprime l'action d'une manière générale : RIRE et PLEURER ; ATTENDRE et CRAINDRE. Il renferme deux temps :
    - **Infinitif présent**, qui semble présenter l'action comme présente, et dont la forme est invariable : PRENDRE, BOIRE, ÉCOUTER, RIRE.
    - **Infinitif passé**, qui exprime une action passée ; il est formé de l'infinitif présent du verbe être ou du verbe avoir, et d'un participe passé : AVOIR CHANTÉ, ÊTRE PARTI.
- **TEMPS.** C'est la forme que prend le verbe pour indiquer le rapport de l'action à une époque de la durée. La durée se divise en trois époques :
  - Le **présent,** qui se rapporte au moment où l'on parle : JE LIS, NOUS LISONS *maintenant*.
  - Le **passé,** qui marque un temps écoulé relativement au présent : J'AI LU *hier*.
  - Le **futur,** qui marque un temps dans lequel on n'est pas encore arrivé : JE PARTIRAI *demain*.

Variabilité des dix parties du discours.

- Le NOM ou SUBSTANTIF est doué de la propriété du *genre* et du *nombre*.
- L'ARTICLE, L'ADJECTIF prennent le *genre* et le *nombre* du nom auquel ils se rapportent.
- Le PRONOM prend le *genre*, le *nombre* et la *personne* du nom dont il tient la place.
- Le VERBE
  - est doué de la propriété du mode et du temps ;
  - il prend le *nombre* et la *personne* du nom ou du pronom auquel il se rapporte.
- Le PARTICIPE.
  - Le Participe présent est toujours invariable.
  - Le Participe passé prend le *genre* et le *nombre*, suivant les règles particulières qui le régissent.
- La PRÉPOSITION, l'ADVERBE, la CONJONCTION, l'INTERJECTION étant dépourvus des idées accessoires ne renferment que des mots invariables.

Lith. [illegible]

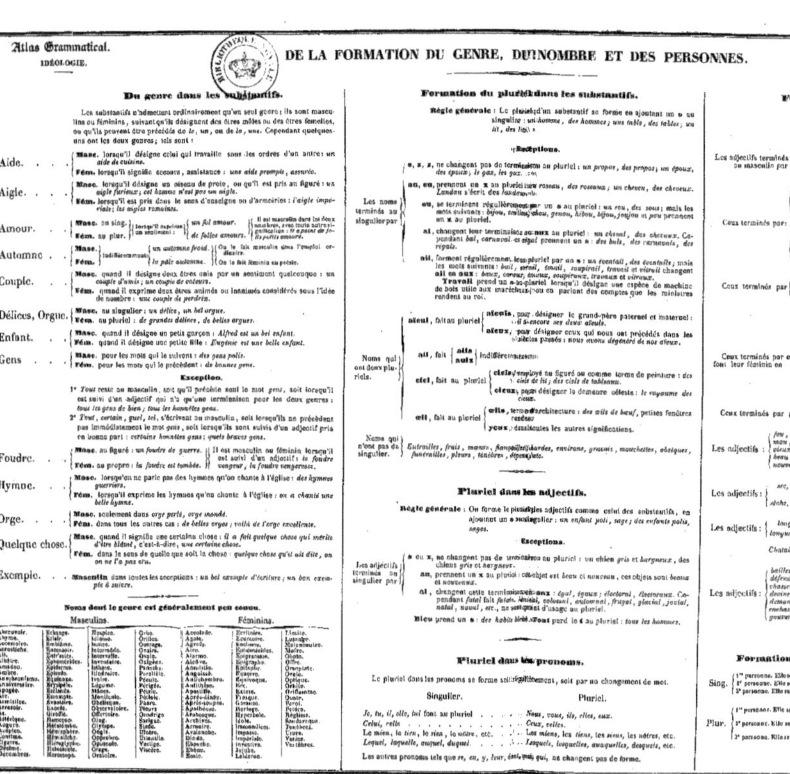

DE LA FORMATION DU GENRE, DU NOMBRE ET DES PERSONNES.

Du genre dans les substantifs.

Les substantifs n'admettent ordinairement qu'un seul genre ; ils sont masculins ou féminins, suivant qu'ils désignent des êtres mâles ou des êtres femelles, ou qu'ils peuvent être précédés de *le*, *un*, ou de *la*, *une*. Cependant quelques-uns ont les deux genres ; tels sont :

Aide.
- **Masc.** lorsqu'il désigne celui qui travaille sous les ordres d'un autre : *un aide de cuisine.*
- **Fém.** lorsqu'il signifie secours, assistance : *une aide prompte, assurée.*

Aigle.
- **Masc.** lorsqu'il désigne un oiseau de proie, ou qu'il est pris au figuré : *un aigle furieux ; cet homme n'est pas un aigle.*
- **Fém.** lorsqu'il est pris dans le sens d'enseigne ou d'armoiries : *l'aigle impériale ; les aigles romaines.*

Amour.
- **Masc.** au sing. } lorsqu'il exprime un sentiment : *un fol amour.*
- **Fém.** au plur. } *de folles amours.*
- Il est masculin dans les deux nombres, avec toute autre signification : *il a peint de jolis petits amours.*

Automne.
- **Masc.** / **Fém.** indifféremment : *un automne froid. / la pâle automne.*
- On le fait masculin dans l'emploi ordinaire. On le fait féminin en poésie.

Couple.
- **Masc.** quand il désigne deux êtres unis par un sentiment quelconque : *un couple d'amis ; un couple de voleurs.*
- **Fém.** quand il exprime deux êtres animés ou inanimés considérés sous l'idée de nombre : *une couple de perdrix.*

Délices, Orgue.
- **Masc.** au singulier : *un délice, un bel orgue.*
- **Fém.** au pluriel : *de grandes délices, de belles orgues.*

Enfant.
- **Masc.** quand il désigne un petit garçon : *Alfred est un bel enfant.*
- **Fém.** quand il désigne une petite fille : *Eugénie est une belle enfant.*

Gens.
- **Masc.** pour les mots qui le suivent : *des gens polis.*
- **Fém.** pour les mots qui le précèdent : *de bonnes gens.*

Exception.

1° *Tout* reste au masculin, soit qu'il précède seul le mot *gens*, soit lorsqu'il est suivi d'un adjectif qui n'a qu'une terminaison pour les deux genres : *tous les gens de bien ; tous les honnêtes gens.*

2° *Tout*, *certain*, *quel*, *tel*, s'écrivent au masculin, soit lorsqu'ils ne précèdent pas immédiatement le mot *gens*, soit lorsqu'ils sont suivis d'un adjectif pris en bonne part : *certains honnêtes gens ; quels braves gens.*

Foudre.
- **Masc.** au figuré : *un foudre de guerre.*
- **Fém.** au propre : *la foudre est tombée.*
- Il est masculin ou féminin lorsqu'il est suivi d'un adjectif : *le foudre vengeur ; la foudre vengeresse.*

Hymne.
- **Masc.** lorsqu'on ne parle pas des hymnes qu'on chante à l'église : *des hymnes guerriers.*
- **Fém.** lorsqu'il exprime les hymnes qu'on chante à l'église : *on a chanté une belle hymne.*

Orge.
- **Masc.** seulement dans *orge perlé, orge mondé.*
- **Fém.** dans tous les autres cas : *de belles orges ; voilà de l'orge excellente.*

Quelque chose.
- **Masc.** quand il signifie une certaine chose : *il a fait quelque chose qui mérite d'être blâmé*, c'est-à-dire, *une certaine chose.*
- **Fém.** dans le sens de quelle que soit la chose : *quelque chose qu'il ait dite, on ne l'a pas crue.*

Exemple. **Masculin** dans toutes les acceptions : *un bel exemple d'écriture ; un bon exemple à suivre.*

Noms dont le genre est généralement peu connu.

Masculins.				Féminins.		
Abreuvoir.	Echange.	Hospice.	Orbe.	Accolade.	Ecritoire.	Limite.
Abyme.	Eclair.	Idiome.	Orifice.	Agate.	Ecumoire.	Louange.
Accessoire.	Emblème.	Indice.	Outrage.	Agrafe.	Enclume.	Manœuvre.
Acrostiche.	Encensoir.	Intermède.	Ovaire.	Aire.	Ephémérides.	Moire.
Ail.	Entr'acte.	Intervalle.	Ovale.	Alarme.	Epigramme.	Obole.
Albâtre.	Ephémérides.	Inventaire.	Oxigène.	Alcôve.	Epigraphe.	Offre.
Amadou.	Epiderme.	Isthme.	Panache.	Amulette.	Epitaphe.	Omoplate.
Ambre.	Episode.	Itinéraire.	Parallèle.	Angoisse.	Equerre.	Ouate.
Anachronisme.	Equinoxe.	Ivoire.	Pécule.	Antichambre.	Equivoque.	Optique.
Anniversaire.	Erysipèle.	Légume.	Périgée.	Antithèse.	Ere.	Orbite.
Apogée.	Esclandre.	Mânes.	Pétale.	Apostille.	Extase.	Oriflamme.
Arc.	Escompte.	Monticule.	Pétiole.	Après-dînée.	Fresque.	Outre.
Armistice.	Eventail.	Obélisque.	Phare.	Après-soupée.	Garance.	Paroi.
Arrosoir.	Exorde.	Observatoire.	Pleurs.	Apothéose.	Horloge.	Patère.
As.	Girofle.	Offertoire.	Quadrige.	Arabesque.	Hyperbole.	Réglisse.
Astérique.	Hameçon.	Oing.	Sarigue.	Archives.	Idole.	Sandaraque.
Augure.	Hécatombe.	Olympe.	Stade.	Armoire.	Immondices.	Ténèbres.
Auspice.	Hémisphère.	Ongle.	Ulcère.	Avalanche.	Impasse.	Urne.
Centime.	Hémistiche.	Opprobre.	Ustensile.	Dinde.	Impériale.	Varice.
Cigare.	Hiéroglyphe.	Opuscule.	Vestige.	Ebauche.	Invective.	Vertèbres.
Décime.	Holocauste.	Orage.	Viscère.	Ebène.	Jujube.	
Décombres.	Horoscope.	Oratoire.		Ecale.	Laideron.	

Formation du pluriel dans les substantifs.

Règle générale : Le pluriel d'un substantif se forme en ajoutant un **s** au singulier : *un homme, des hommes ; une table, des tables ; un lit, des lits.*

Exceptions.

Les noms terminés au singulier par
- **s, x, z**, ne changent pas de terminaison au pluriel : *un propos, des propos ; un époux, des époux ; le gaz, les gaz.*
- **au, eu**, prennent un **x** au pluriel : *un roseau, des roseaux ; un cheveu, des cheveux.* Landau s'écrit des *landaus*.
- **ou**, se terminent régulièrement par un **s** au pluriel : *un sou, des sous* ; mais les mots suivants : *bijou, caillou, chou, genou, hibou, bijou, joujou et pou* prennent un **x** au pluriel.
- **al**, changent leur terminaison en **aux** au pluriel : *un cheval, des chevaux*. Cependant *bal, carnaval* et *régal* prennent un **s** : *des bals, des carnavals, des régals.*
- **ail**, forment régulièrement leur pluriel par un **s** : *un éventail, des éventails* ; mais les mots suivants : *bail, corail, émail, soupirail, travail* et *vitrail* changent **ail en aux** : *baux, coraux, émaux, soupiraux, travaux* et *vitraux*.

  Travail prend un **s** au pluriel lorsqu'il désigne une espèce de machine de bois utile aux maréchaux, ou en parlant des comptes que les ministres rendent au roi.

Noms qui ont deux pluriels.
- **aïeul**, fait au pluriel
  - **aïeuls**, pour désigner le grand-père paternel et maternel : *il a encore ses deux aïeuls.*
  - **aïeux**, pour désigner ceux qui nous ont précédés dans les siècles passés : *nous avons dégénéré de nos aïeux.*
- **ail**, fait **ails** / **aulx** indifféremment.
- **ciel**, fait au pluriel
  - **ciels**, employé au figuré ou comme terme de peinture : *des ciels de lit ; des ciels de tableaux.*
  - **cieux**, pour désigner la demeure céleste : *le royaume des cieux.*
- **œil**, fait au pluriel
  - **œils**, terme d'architecture : *des œils de bœuf*, petites fenêtres rondes.
  - **yeux**, dans toutes les autres significations.

Noms qui n'ont pas de singulier. *Entrailles, frais, mœurs, fiançailles, hardes, environs, gravois, mouchettes, obsèques, funérailles, pleurs, ténèbres, dépens*, etc.

Pluriel dans les adjectifs.

Règle générale : On forme le pluriel des adjectifs comme celui des substantifs, en ajoutant un **s** au singulier : *un enfant poli, sage ; des enfants polis, sages.*

Exceptions.

Les adjectifs terminés au singulier par
- **s** ou **x**, ne changent pas de terminaison au pluriel : un chien *gris* et *hargneux*, des chiens *gris* et *hargneux*.
- **au**, prennent un **x** au pluriel : cet objet est *beau* et *nouveau*, ces objets sont *beaux* et *nouveaux*.
- **al**, changent cette terminaison en **aux** : *égal, égaux ; électoral, électoraux*. Cependant *fatal* fait *fatals*. *Initial, colossal, automnal, frugal, glacial, jovial, natal, naval*, etc., ne sont point d'usage au pluriel.

Bleu prend un **s** : *des habits bleus*. **Tout** perd le **t** au pluriel : *tous les hommes.*

Pluriel dans les pronoms.

Le pluriel dans les pronoms se forme soit régulièrement, soit par un changement de mot.

Singulier.	Pluriel.
Je, tu, il, elle, lui font au pluriel . . .	*Nous, vous, ils, elles, eux.*
Celui, celle . . .	*Ceux, celles.*
Le *mien*, le *tien*, le *sien*, le *nôtre*, etc. . . .	Les *miens*, les *tiens*, les *siens*, les *nôtres*, etc.
Lequel, laquelle, auquel, duquel . . .	*Lesquels, lesquelles, auxquelles, desquels*, etc.

Les autres pronoms tels que *se, en, y, leur, dont, que, qui*, ne changent pas de forme.

Formation du féminin dans les adjectifs.

Règle générale. Le féminin dans les adjectifs se forme en ajoutant un e muet au masculin : *poli, polie ; exquis, exquise ; léger, lég*[ère].

Exceptions.

Les adjectifs terminés au masculin par un e muet, ne changent pas au féminin : *un homme honnête et sage, une fe*[mme] *honnête et sage.*

Ceux terminés par : **el, eil, on, et, ien, s, l, t**, doublent la consonne avant l'e muet :
- *tel, telle.* (*fidèle, infidèle* et *rebelle*, s'écri[vent] ainsi dans les deux genres.)
- *pareil, pareille.*
- *bon, bonne.*
- *net, nette.* (Excepté : *complète, concrète, di*[scrète], *inquiète, replète* et *secrète*, qui ne prennent qu'un t.)
- *ancien, ancienne.*
- *gras, grasse.*
- *nul, nulle.*
- *sot, sotte.*

Ceux terminés par
- **f**, changent cette consonne en **ve** : *neuf, neuve ; bref, brève.*
- **x**, changent cette consonne en **se** : *heureux, heureuse.* Excepté : *doux, fa*[ux], *préfix, roux, vieux* : qui font : *douce, fausse, préfixe, rousse* et *vieille*.

Ceux terminés par **eur**, font leur féminin en
- **euse** Lorsqu'ils viennent d'un participe présent : *mentant, menteur, menteuse ; trompant, trompeur, trompeuse.* Excepté : *débiteur, exécuteur, inventeur, persécuteur, enchanteur*, qui font : *débitrice, exécutrice, inventrice, persécutrice, enchanteresse.*
- **eure** *Antérieur, supérieur, inférieur, intérieur, extérieur, majeur, mineur*, prennent un e muet : *antérieure, supérieure, inférieure*, etc.
- **trice** Lorsqu'ils ne sont pas formés d'un participe présent : *admirateur, admiratrice ; protecteur, protectrice*, etc. *Amateur* est des deux genres.

Ceux terminés par **gu**, prennent un **ë** muet surmonté d'un tréma *ambigu, ambiguë, aigu, aiguë.*

Les adjectifs : *fou, mou, vieux, beau, nouveau*, qui font aussi : *fol, mol, vieil, bel, nouvel*, font au féminin : *folle, molle, vieille, belle, nouvelle.*

Les adjectifs : *sec, frais, franc, blanc, public, caduc, turc, grec, franc* (langue) font au féminin : *sèche, fraîche, franche, blanche, publique, caduque, turque, grecque, franque.*

Les adjectifs : *long, oblong, tiers, malin* et *bénin*, font au féminin : *longue, oblongue, tierce, maligne* et *bénigne*.

Châtain, dispos et *fat*, ne s'emploient pas au féminin.

Les adjectifs : *bailleur, défendeur, chasseur, devineur* et *devin, demandeur, enchanteur, gouverneur* et *vengeur*, font au féminin :
- *bailleresse*, terme de palais.
- *défenderesse*, id.
- *chasseresse*, style poétique.
- *devineuse* et *devineresse*.
- *demanderesse*, terme de palais.
- *enchanteresse*.
- *gouvernante* et *vengeresse*.

Formation du nombre et de la personne dans les verbes.

Sing.
- 1re personne. Elle se forme par un e muet, un s ou un x : J'aime, je cherche, je lis, je rends, je veux, je pu[is].
- 2e personne. Elle se forme par un s ou un x : Tu aimes, tu cherches, tu lis, tu rends, tu veux, tu pe[ux].
- 3e personne. Elle se forme par un e muet, un t ou un d : Il aime, il cherche, il lit, il rend, il veut, il peut.

Plur.
- 1re personne. Elle se forme par ons ou mes . . . Nous aimons, nous cherchons, nous lisons, nous rendons, nous valons, nous pouvons.
- 2e personne. Elle se forme par ez ou tes . . . Vous aimez, vous cherchez, vous lisez, vous rendez, vous valez, vous pouvez.
- 3e personne. Elle se forme par ent ou ont . . . Ils aiment, ils cherchent, ils lisent, ils rendent, ils valent, ils peuvent.

(Voyez le tableau des conjugaisons.)

TABLEAU DE RAPPEL N° 3.

FORMATION DU GENRE, DU NOMBRE ET DES PERSONNES.

Formation du pluriel.

- **Les noms.**
  - Règle générale, **s**.
  - terminés par :
    - **s, z, x,** ne changent pas de forme.
    - **au, eu,** prennent un **x**. Exception : Landaus.
    - **ou,** prennent un **s**. Exceptions : caillou, chou, genou, joujou, hibou et pou.
    - **al,** prennent **aux.** Exc. bal, carnaval, regal, pal et cal.
    - **ail,** prennent **s**. Exc. bail, corail, émail, épouvantail, gouvernail, soupirail, etc.
  - à deux pluriels :
    - **Aïeul**. Aïeuls. Aïeux.
    - **Ciel**. Ciels. Cieux.
    - **Ail**. Ails. Aulx.
    - **Œil**. Œils. Yeux.
- **Les adjectifs.**
  - Règle générale, **s**.
  - terminés par :
    - **s, x,** ne changent pas de forme.
    - **au** prennent un **x**.
    - **al,** prennent **aux.** Exceptions : Fatal, amical, colossal, frugal, glacial, jovial, naval, etc.
  - **Bleu,** prend un **s** au pluriel.

Formation du féminin dans les adjectifs.

- Règle générale, **e** muet.
- Ceux terminés par :
  - **e** muet, ne changent pas de forme.
  - **el,** doublent la consonne. Exceptions : fidèle, infidèle, rebelle.
  - **eil,** doublent la consonne.
  - **on,** doublent la consonne.
  - **et,** doublent la consonne. Exceptions : complet, concret, discret, inquiet, replet et secret.
  - **ien,** doublent la consonne.
- Ceux terminés par :
  - **f,** changent cette consonne en **ve.**
  - **x,** changent cette consonne en **se**. Exceptions : doux, faux, préfix, roux et vieux.
- Ceux terminés en :
  - **eur,** font :
    - **euse,** lorsqu'ils sont formés d'un participe présent. Exceptions : débiteur, exécuteur, etc.
    - **eure :** antérieur, supérieur, majeur, mineur, meilleur, inférieur, etc.
    - **trice,** lorsqu'ils ne sont pas formés d'un participe présent.
  - **gu,** prennent un **e** muet, surmonté d'un tréma : aigu, aiguë.

Formation des personnes dans les verbes.

- Singulier :
  - 1re personne, **e** muet, **s** ou **x**.
  - 2e personne, **s** ou **x**.
  - 3e personne, **e, t** ou **d**.
- Pluriel :
  - 1re personne, **ons** ou **mes**.
  - 2e personne, **ez** ou **tes**.
  - 3e personne, **ent** ou **ont**.

TABLEAU DE RAPPEL N° 4.

OBSERVATIONS SUR LES VERBES.

ON DISTINGUE DANS LES VERBES :

- LES ÉLÉMENTS :
  - Le radical.
  - La finale.
- LES TEMPS PRIMITIFS :
  - Le présent de l'infinitif, qui forme :
    - Le futur simple.
    - Le présent conditionnel.
  - Le participe présent, qui forme :
    - Le présent de l'indicatif.
    - L'imparfait.
    - Le présent du subjonctif.
  - Le participe passé, qui forme les temps composés.
  - Le présent de l'indicatif, qui forme l'impératif.
  - Le passé défini, qui forme l'imparfait du subjonctif.
- Les temps dérivés.
- Les temps simples et les temps composés.
- Les verbes réguliers, irréguliers et défectueux.
- L'emploi de l'accent circonflexe dans cinq temps :
  - Passé défini.
  - Passé antérieur.
  - Passé conditionnel.
  - Imparfait / Plus que parfait du subjonctif.

REMARQUES SUR QUELQUES VERBES.

- 1re CONJUGAISON.
  - Verbes terminés par :
    - **ayer, oyer, uyer,** changent l'**y** en **i** devant un **e** muet.
    - **éer,** prennent deux **e** de suite dans plusieurs temps.
    - **ier,** prennent deux **i** à la 1re et à la 2e personne du pluriel de l'imparfait de l'indicatif et du présent du subjonctif.
    - **yer,** prennent **yi** dans les mêmes temps et les mêmes personnes.
    - **cer,** prennent une cédille sous le **c**, devant **a, o, u**.
    - **ger,** prennent un **e** muet après le **g**, devant **a, o, u**.
    - **eler, eter,** doublent la consonne **l** devant un **e** muet.
    - **uer, ouer,** prennent un **ï** à la 1re et à la 2e personne du pluriel de l'imparfait de l'indicatif et du présent du subjonctif.
    - Les verbes dont la syllabe finale est précédée d'un **e** muet ou d'un **é** fermé, changent cet **e** en **è** ouvert, devant une syllabe muette.
  - Impératif, se termine par la lettre **s** devant **en** et **y**.
- 2e CONJUGAISON.
  - **Haïr** et **bénir**.
  - Verbes terminés par **ir** et **ire**. On les distingue par le participe présent.
- 3e CONJUGAISON.
  - Participes passés **dû, redû, mû** et **crû** du verbe croître, prennent l'accent circonflexe.
  - **Boire** et **croire**, sont les seuls verbes en **oir** de la 4e conjugaison.
- 4e CONJUGAISON.
  - Les verbes terminés par :
    - **indre** et **soudre**, perdent le **d**.
    - **indre**, s'écrivent par **eindre**, excepté craindre, plaindre et contraindre.
    - **andre**, s'écrivent par **endre**, excepté répandre et épandre.
  - Participes passés des verbes **absoudre** et **dissoudre**, font absous et dissous.

[illegible], typ. [illegible].

Atlas Grammatical. IDÉOLOGIE. — 4e TABLEAU. *Verbes réguliers.*

CONJUGAISONS DES VERBES RÉGULIERS.

Le **Verbe**, comme on l'a vu dans le 1er tableau, est un mot qui marque l'action, l'état ou le sentiment; le **conjuguer**, c'est l'écrire ou le réciter dans toute son étendue, avec ses modes, ses temps, ses nombres et ses personnes. On compte **quatre conjugaisons**, que l'on distingue par la terminaison du présent de l'infinitif. La première a l'infinitif en **er**, comme **aim er**; la deuxième en **ir**, comme **finir**; la troisième en **oir**, comme **recevoir**, la quatrième en **re** ou **dre**, comme **faire**, **rendre**. Dans la langue française, il y a deux verbes qui entrent dans la composition des autres: c'est le verbe **être** et le verbe **avoir**; on les nomme pour cette raison verbes **auxiliaires**.

Modes.	Temps.	Verbes auxiliaires: Être.	Verbes auxiliaires: Avoir.	Modèles des quatre conjugaisons: 1re en er. Chant er.	2e en ir. Fin ir.	3e en oir. Recev oir.
Indicatif.	Présent.	Je suis. Tu es. Il est. Nous sommes. Vous êtes. Ils sont.	J'ai. Tu as. Il a. Nous avons. Vous avez. Ils ont.	Je chant - e. Tu chant - es. Il chant - e. N. chant - ons. V. chant - ez. Ils chant - ent.	Je fin - is. Tu fin - is. Il fin - it. N. fin - issons. V. fin - issez. Ils fin - issent.	Je reç - ois. Tu reç - ois. Il reç - oit. N. rec - evons. V. rec - evez. Ils reç - oivent.
	Imparfait.	J'étais. Tu étais. Il était. Nous étions. Vous étiez. Ils étaient.	J'avais. Tu avais. Il avait. Nous avions. Vous aviez. Ils avaient.	Je chant - ais. Tu chant - ais. Il chant - ait. N. chant - ions. V. chant - iez. Ils chant - aient.	Je fin - issais. Tu fin - issais. Il fin - issait. N. fin - issions. V. fin - issiez. Ils fin - issaient.	Je rec - evais. Tu rec - evais. Il rec - evait. N. rec - evions. V. rec - eviez. Ils rec - evaient.
	Passé défini.	Je fus. Tu fus. Il fut. Nous fûmes. Vous fûtes. Ils furent.	J'eus. Tu eus. Il eut. Nous eûmes. Vous eûtes. Ils eurent.	Je chant - ai. Tu chant - as. Il chant - a. N. chant - âmes. V. chant - âtes. Ils chant - èrent.	Je fin - is. Tu fin - is. Il fin - it. N. fin - îmes. V. fin - îtes. Ils fin - irent.	Je reç - us. Tu reç - us. Il reç - ut. N. reç - ûmes. V. reç - ûtes. Ils reç - urent.
	Passé indéfini.	J'ai été. Tu as été. Il a été. Nous avons été. Vous avez été. Ils ont été.	J'ai eu. Tu as eu. Il a eu. Nous avons eu. Vous avez eu. Ils ont eu.	J'ai chanté. Tu as chanté. Il a chanté. Nous avons chanté. Vous avez chanté. Ils ont chanté.	J'ai fini. Tu as fini. Il a fini. Nous avons fini. Vous avez fini. Ils ont fini.	J'ai reçu. Tu as reçu. Il a reçu. Nous avons reçu. Vous avez reçu. Ils ont reçu.
	Passé antérieur.	J'eus été. Tu eus été. Il eut été. Nous eûmes été. Vous eûtes été. Ils eurent été.	J'eus eu. Tu eus eu. Il eut eu. Nous eûmes eu. Vous eûtes eu. Ils eurent eu.	J'eus chanté. Tu eus chanté. Il eut chanté. Nous eûmes chanté. Vous eûtes chanté. Ils eurent chanté.	J'eus fini. Tu eus fini. Il eut fini. Nous eûmes fini. Vous eûtes fini. Ils eurent fini.	J'eus reçu. Tu eus reçu. Il eut reçu. Nous eûmes reçu. Vous eûtes reçu. Ils eurent reçu.
	Plus que parfait.	J'avais été. Tu avais été. Il avait été. Nous avions été. Vous aviez été. Ils avaient été.	J'avais eu. Tu avais eu. Il avait eu. Nous avions eu. Vous aviez eu. Ils avaient eu.	J'avais chanté. Tu avais chanté. Il avait chanté. Nous avions chanté. Vous aviez chanté. Ils avaient chanté.	J'avais fini. Tu avais fini. Il avait fini. Nous avions fini. Vous aviez fini. Ils avaient fini.	J'avais reçu. Tu avais reçu. Il avait reçu. Nous avions reçu. Vous aviez reçu. Ils avaient reçu.
	Futur.	Je serai. Tu seras. Il sera. Nous serons. Vous serez. Ils seront.	J'aurai. Tu auras. Il aura. Nous aurons. Vous aurez. Ils auront.	Je chant - erai. Tu chant - eras. Il chant - era. N. chant - erons. V. chant - erez. Ils chant - eront.	Je fin - irai. Tu fin - iras. Il fin - ira. N. fin - irons. V. fin - irez. Ils fin - iront.	Je rec - evrai. Tu rec - evras. Il rec - evra. N. rec - evrons. V. rec - evrez. Ils rec - evront.
	Futur passé.	J'aurai été. Tu auras été. Il aura été. Nous aurons été. Vous aurez été. Ils auront été.	J'aurai eu. Tu auras eu. Il aura eu. Nous aurons eu. Vous aurez eu. Ils auront eu.	J'aurai chanté. Tu auras chanté. Il aura chanté. Nous aurons chanté. Vous aurez chanté. Ils auront chanté.	J'aurai fini. Tu auras fini. Il aura fini. Nous aurons fini. Vous aurez fini. Ils auront fini.	J'aurai reçu. Tu auras reçu. Il aura reçu. Nous aurons reçu. Vous aurez reçu. Ils auront reçu.
Conditionnel.	Présent.	Je serais. Tu serais. Il serait. Nous serions. Vous seriez. Ils seraient.	J'aurais. Tu aurais. Il aurait. Nous aurions. Vous auriez. Ils auraient.	Je chant - erais. Tu chant - erais. Il chant - erait. N. chant - erions. V. chant - eriez. Ils chant - eraient.	Je fin - irais. Tu fin - irais. Il fin - irait. N. fin - irions. V. fin - iriez. Ils fin - iraient.	Je rec - evrais. Tu rec - evrais. Il rec - evrait. N. rec - evrions. V. rec - evriez. Ils rec - evraient.
	Passé.	J'aurais été. Tu aurais été. Il aurait été. Nous aurions été. Vous auriez été. Ils auraient été.	J'aurais eu. Tu aurais eu. Il aurait eu. Nous aurions eu. Vous auriez eu. Ils auraient eu.	J'aurais chanté. Tu aurais chanté. Il aurait chanté. Nous aurions chanté. Vous auriez chanté. Ils auraient chanté.	J'aurais fini. Tu aurais fini. Il aurait fini. Nous aurions fini. Vous auriez fini. Ils auraient fini.	J'aurais reçu. Tu aurais reçu. Il aurait reçu. Nous aurions reçu. Vous auriez reçu. Ils auraient reçu.
	On dit aussi.	J'eusse été. Tu eusses été. Il eût été. Nous eussions été. Vous eussiez été. Ils eussent été.	J'eusse eu. Tu eusses eu. Il eût eu. Nous eussions eu. Vous eussiez eu. Ils eussent eu.	J'eusse chanté. Tu eusses chanté. Il eût chanté. Nous eussions chanté. Vous eussiez chanté. Ils eussent chanté.	J'eusse fini. Tu eusses fini. Il eût fini. Nous eussions fini. Vous eussiez fini. Ils eussent fini.	J'eusse reçu. Tu eusses reçu. Il eût reçu. Nous eussions reçu. Vous eussiez reçu. Ils eussent reçu.
Impératif.		Sois. Soyons. Soyez.	Aie. Ayons. Ayez.	Chant - e. Chant - ons. Chant - ez.	Fin - is. Fin - issons. Fin - issez.	Reç - ois. Rec - evons. Rec - evez.
Subjonctif.	Présent.	Que je sois. » tu sois. Qu'il soit. Que nous soyons. Que vous soyez. Qu'ils soient.	Que j'aie. » tu aies. » il ait. » nous ayons. » vous ayez. » ils aient.	Que je chant - e. » tu chant - es. » il chant - e. » n. chant - ions. » v. chant - iez. » ils chant - ent.	Que je fin - isse. » tu fin - isses. » il fin - isse. » n. fin - issions. » v. fin - issiez. » ils fin - issent.	Que je reç - oive. » tu reç - oives. » il reç - oive. » n. rec - evions. » v. rec - eviez. » ils reç - oivent.
	Imparfait.	Que je fusse. Que tu fusses. Qu'il fût. Que nous fussions. Que vous fussiez. Qu'ils fussent.	Que j'eusse. » tu eusses. » il eût. » nous eussions. » vous eussiez. » ils eussent.	Que je chant - asse. » tu chant - asses. » il chant - ât. » n. chant - assions. » v. chant - assiez. » ils chant - assent.	Que je fin - isse. » tu fin - isses. » il fin - ît. » n. fin - issions. » v. fin - issiez. » ils fin - issent.	Que je reç - usse. » tu reç - usses. » il reç - ût. » n. reç - ussions. » v. reç - ussiez. » ils reç - ussent.
	Parfait ou passé.	Que j'aie été. Que tu aies été. Qu'il ait été. Que nous ayons été. Que vous ayez été. Qu'ils aient été.	Que j'aie eu. » tu aies eu. » il ait eu. » nous ayons eu. » vous ayez eu. » ils aient eu.	Que j'aie chanté. » tu aies chanté. » il ait chanté. » nous ayons chanté. » vous ayez chanté. » ils aient chanté.	Que j'aie fini. » tu aies fini. » il ait fini. » nous ayons fini. » vous ayez fini. » ils aient fini.	Que j'aie reçu. » tu aies reçu. » il ait reçu. » nous ayons reçu. » vous ayez reçu. » ils aient reçu.
	Plus que parfait.	Que j'eusse été. Que tu eusses été. Qu'il eût été. Que nous eussions été. Que vous eussiez été. Qu'ils eussent été.	Que j'eusse eu. » tu eusses eu. » il eût eu. » nous eussions eu. » vous eussiez eu. » ils eussent eu.	Que j'eusse chanté. » tu eusses chanté. » il eût chanté. » nous eussions chanté. » vous eussiez chanté. » ils eussent chanté.	Que j'eusse fini. » tu eusses fini. » il eût fini. » nous eussions fini. » vous eussiez fini. » ils eussent fini.	Que j'eusse reçu. » tu eusses reçu. » il eût reçu. » nous eussions reçu. » vous eussiez reçu. » ils eussent reçu.
Infinitif.	Présent. Passé. Participe présent. Participe passé.	Être. Avoir été. Étant. Été.	Avoir. Avoir eu. Ayant. Eu, eue.	Chant - er. Avoir chanté. Chant - ant. Chant - é, ée.	Fin - ir. Avoir fini. Fin - issant. Fin - i, ie.	Rec - evoir. Avoir reçu. Rec - evant. Reç - u, ue.

Modes.	Temps.	4e en re. Rend re.	Verbe passif. Être aimé.	Verbe neutre. Sortir.	Verbe pronominal. S'emparer.	Ve uniperson. Pleuvoir.	Ve interrogatif. Chanter.
Indicatif.	Présent.	[illegible]	Je suis } aimé. Tu es Il est Nous sommes } aimés. Vous êtes Ils sont	Je sors. Tu sors. Il sort. Nous sortons. Vous sortez. Ils sortent.	Je m'empare. Tu t'empares. Il s'empare. Nous nous emparons. Vous vous emparez. Ils s'emparent.	Il pleut.	Chanté-je? Chantes-tu? Chante-t-il? Chantons-nous? Chantez-vous? Chantent-ils?
	Imparfait.	[illegible]	J'étais } aimé. Tu étais Il était Nous étions } aimés. Vous étiez Ils étaient	Je sortais. Tu sortais. Il sortait. Nous sortions. Vous sortiez. Ils sortaient.	Je m'emparais. Tu t'emparais. Il s'emparait. Nous nous emparions. Vous vous empariez. Ils s'emparaient.	Il pleuvait.	Chantais-je? Chantais-tu? Chantait-il? Chantions-nous? Chantiez-vous? Chantaient-ils?
	Passé défini.	[illegible]	Je fus } aimé. Tu fus Il fut Nous fûmes } aimés. Vous fûtes Ils furent	Je sortis. Tu sortis. Il sortit. Nous sortîmes. Vous sortîtes. Ils sortirent.	Je m'emparai. Tu t'emparas. Il s'empara. Nous nous emparâmes. Vous vous emparâtes. Ils s'emparèrent.	Il plut.	Chantai-je? Chantas-tu? Chanta-t-il? Chantâmes-nous? Chantâtes-vous? Chantèrent-ils?
	Passé indéfini.	[illegible]	J'ai été } aimé. Tu as été Il a été Nous avons été } aimés. Vous avez été Ils ont été	Je suis sorti. Tu es sorti. Il est sorti. Nous sommes sortis. Vous êtes sortis. Ils sont sortis.	Je me suis emparé. Tu t'es emparé. Il s'est emparé. Nous nous sommes emparés. Vous vous êtes emparés. Ils se sont emparés.	Il a plu.	Ai-je chanté? As-tu chanté? A-t-il chanté? Avons-nous chanté? Avez-vous chanté? Ont-ils chanté?
	Passé antérieur.	[illegible]	J'eus été } aimé. Tu eus été Il eut été Nous eûmes été } aimés. Vous eûtes été Ils eurent été	Je fus sorti. Tu fus sorti. Il fut sorti. Nous fûmes sortis. Vous fûtes sortis. Ils furent sortis.	Je me fus emparé. Tu te fus emparé. Il se fut emparé. Nous nous fûmes emparés. Vous vous fûtes emparés. Ils se furent emparés.	Il eut plu.	Eus-je chanté? Eus-tu chanté? Eut-il chanté? Eûmes-nous chanté? Eûtes-vous chanté? Eurent-ils chanté?
	Plus que parfait.	[illegible]	J'avais été } aimé. Tu avais été Il avait été Nous avions été } aimés. Vous aviez été Ils avaient été	J'étais sorti. Tu étais sorti. Il était sorti. Nous étions sortis. Vous étiez sortis. Ils étaient sortis.	Je m'étais emparé. Tu t'étais emparé. Il s'était emparé. Nous nous étions emparés. Vous vous étiez emparés. Ils s'étaient emparés.	Il avait plu.	Avais-je chanté? Avais-tu chanté? Avait-il chanté? Avions-nous chanté? Aviez-vous chanté? Avaient-ils chanté?
	Futur.	[illegible]	Je serai } aimé. Tu seras Il sera Nous serons } aimés. Vous serez Ils seront	Je sortirai. Tu sortiras. Il sortira. Nous sortirons. Vous sortirez. Ils sortiront.	Je m'emparerai. Tu t'empareras. Il s'emparera. Nous nous emparerons. Vous vous emparerez. Ils s'empareront.	Il pleuvra.	Chanterai-je? Chanteras-tu? Chantera-t-il? Chanterons-nous? Chanterez-vous? Chanteront-ils?
	Futur passé.	[illegible]	J'aurai été } aimé. Tu auras été Il aura été Nous aurons été } aimés. Vous aurez été Ils auront été	Je serai sorti. Tu seras sorti. Il sera sorti. Nous serons sortis. Vous serez sortis. Ils seront sortis.	Je me serai emparé. Tu te seras emparé. Il se sera emparé. Nous nous serons emparés. Vous vous serez emparés. Ils se seront emparés.	Il aura plu.	Aurai-je chanté? Auras-tu chanté? Aura-t-il chanté? Aurons-nous chanté? Aurez-vous chanté? Auront-ils chanté?
Conditionnel.	Présent.	[illegible]	Je serais } aimé. Tu serais Il serait Nous serions } aimés. Vous seriez Ils seraient.	Je sortirais. Tu sortirais. Il sortirait. Nous sortirions. Vous sortiriez. Ils sortiraient.	Je m'emparerais. Tu t'emparerais. Il s'emparerait. Nous nous emparerions. Vous vous empareriez. Ils s'empareraient.	Il pleuvrait.	Chanterais-je? Chanterais-tu? Chanterait-il? Chanterions-nous? Chanteriez-vous? Chanteraient-ils?
	Passé.	[illegible]	J'aurais été } aimé. Tu aurais été Il aurait été Nous aurions été } aimés. Vous auriez été Ils auraient été	Je serais sorti. Tu serais sorti. Il serait sorti. Nous serions sortis. Vous seriez sortis. Ils seraient sortis.	Je me serais emparé. Tu te serais emparé. Il se serait emparé. Nous nous serions emparés. Vous vous seriez emparés. Ils se seraient emparés.	Il aurait plu.	Aurais-je chanté? Aurais-tu chanté? Aurait-il chanté? Aurions-nous chanté? Auriez-vous chanté? Auraient-ils chanté?
	On dit aussi.	[illegible]	J'eusse été } aimé. Tu eusses été Il eût été Nous eussions été } aimés. Vous eussiez été Ils eussent été	Je fusse sorti. Tu fusses sorti. Il fût sorti. Nous fussions sortis. Vous fussiez sortis. Ils fussent sortis.	Je me fusse emparé. Tu te fusses emparé. Il se fût emparé. Nous nous fussions emparés. Vous vous fussiez emparés. Ils se fussent emparés.	Il eût plu.	Eussé-je chanté? Eusses-tu chanté? Eût-il chanté? Eussions-nous chanté? Eussiez-vous chanté? Eussent-ils chanté?
Impératif.		[illegible]	Sois aimé ou aimée. Soyons } aimés Soyez } ou aimées.	Sors. Sortons. Sortez.	Empare-toi. Emparons-nous. Emparez-vous.		**Remarques sur le verbe interrogatif.** [illegible]
Subjonctif.	Présent.	[illegible]	Que je sois } aimé. » tu sois » il soit » n. soyons } aimés. » v. soyez » ils soient	Que je sorte. » tu sortes. » il sorte. » nous sortions. » vous sortiez. » ils sortent.	Que je m'empare. » tu t'empares. » il s'empare. » n. nous emparions. » v. vous empariez. » ils s'emparent.	Qu'il pleuve.	
	Imparfait.	[illegible]	Que je fusse } aimé. » tu fusses » il fût » n. fussions } aimés. » v. fussiez » ils fussent	Que je sortisse. » tu sortisses. » il sortît. » nous sortissions. » vous sortissiez. » ils sortissent.	Que je m'emparasse. » tu t'emparasses. » il s'emparât. » n. nous emparassions. » v. vous emparassiez. » ils s'emparassent.	Qu'il plût.	
	Parfait ou passé.	[illegible]	Que j'aie été } aimé. » tu aies été » il ait été » n. ayons été } aimés. » v. ayez été » ils aient été	Que je sois sorti. » tu sois sorti. » il soit sorti. » nous soyons sortis. » vous soyez sortis. » ils soient sortis.	Que je me sois emparé. » tu te sois emparé. » il se soit emparé. » n. nous soyons emparés. » v. vous soyez emparés. » ils se soient emparés.	Qu'il ait plu.	
	Plus que parfait.	[illegible]	Que j'eusse été } aimé. » tu eusses été » il eût été » n. eussions été } aimés. » v. eussiez été » ils eussent été	Que je fusse sorti. » tu fusses sorti. » il fût sorti. » nous fussions sortis. » vous fussiez sortis. » ils fussent sortis.	Que je me fusse emparé. » tu te fusses emparé. » il se fût emparé. » n. nous fussions emparés. » v. vous fussiez emparés. » ils se fussent emparés.	Qu'il eût plu.	
Infinitif.	Présent. Passé. Participe présent. Participe passé.	[illegible]	Être aimé. Avoir été aimé. Étant aimé. Aimé, ayant été aimé.	Sortir. Être sorti. Sortant. Sorti, sortie.	S'emparer. S'être emparé. S'emparant. S'étant emparé.	Pleuvoir. Avoir plu. Pleuvant. Plu, ayant plu.	

OBSERVATIONS. [illegible]

1841

VERBES IRRÉGULIERS ET DÉFECTUEUX.

Temps primitifs.					Temps irréguliers.
PRÉSENT DE L'INFINITIF.	PARTICIPE PRÉSENT.	PARTICIPE PASSÉ.	PRÉSENT DE L'INDICATIF.	PASSÉ DÉFINI.	
					Première conjugaison.
Aller.	Allant.	Allé.	Je vais.	J'allai.	PRÉS. IND. je vais, tu vas, il va, nous allons, vous allez, ils vont. — IMPARF. j'allais. — FUT. J'irai. — IMP. va, allons, allez. — PRÉS. DU SUBJ. que j'aille, que tu ailles, qu'il aille, que nous allions, que vous alliez, qu'ils aillent.
Envoyer.	Envoyant.	Envoyé.	J'envoie.	J'envoyai.	FUT. j'enverrai. — COND. j'enverrais. Les autres temps sont réguliers.
					Deuxième conjugaison.
Acquérir.	Acquérant.	Acquis.	J'acquiers.	J'acquis.	PRÉS. IND. j'acquiers, nous acquérons, vous acquérez, ils acquièrent. — IMPARF. j'acquérais. — FUTUR. j'acquerrai. — CONDITION. j'acquerrais. — IMP. acquiers, acquérons. — SUBJ. PRÉS. que j'acquière, que nous acquérions, que vous acquériez, qu'ils acquièrent.
Assaillir.	Assaillant.	Assailli.	J'assaille.	J'assaillis.	Réguliers d'après leurs temps primitifs.
Bouillir.	Bouillant.	Bouilli.	Je bous.	Je bouillis.	
Courir.	Courant.	Couru.	Je cours.	Je courus.	FUT. je courrai. — COND. je courrais.
Cueillir.	Cueillant.	Cueilli.	Je cueille.	Je cueillis.	FUT. je cueillerai. — COND. je cueillerais.
Dormir.	Dormant.	Dormi.	Je dors.	Je dormis.	Régulier d'après ses temps primitifs.
Faillir.	Faillant.	Failli.	Je faux.	Je faillis.	Usité au PASSÉ DÉF. je faillis, au FUT. je faillirai, au COND. je faillirais. — Il a tous ses temps composés.
Fuir.	Fuyant.	Fui.	Je fuis.	Je fuis.	PRÉS. IND. je fuis, nous fuyons, vous fuyez, ils fuient. — IMP. je fuyais. — PRÉS. DU SUBJ. que je fuie, que nous fuyions. — IMP. que je fuisse, etc.
Gésir.	Gisant.	»	Il gît.	»	Usité seulement au PRÉS. DE L'IND. il gît, nous gisons, vous gisez, ils gisent; A L'IMP. je gisais, etc., au PART. PRÉS. gisant.
Mentir.	Mentant.	Menti.	Je mens.	Je mentis.	Régulier d'après ses temps primitifs.
Mourir.	Mourant.	Mort.	Je meurs.	Je mourus.	PRÉS. DE L'IND. je meurs, nous mourons, vous mourez, ils meurent. — IMP. je mourais. — FUT. je mourrai. — COND. je mourrais. — PRÉS. DU SUBJ. que je meure, que tu meures, qu'il meure, que nous mourions, que vous mouriez, qu'ils meurent.
Offrir.	Offrant.	Offert.	J'offre.	J'offris.	Régulier d'après ses temps primitifs.
Ouïr.	Oyant.	Ouï.	J'ois.	J'ouïs.	Ce verbe ne s'emploie qu'au PART. PASSÉ. ouï, et au PRÉS. DE L'INF. ouïr.
Ouvrir.	Ouvrant.	Ouvert.	J'ouvre.	J'ouvris.	Réguliers d'après leurs temps primitifs.
Partir.	Partant.	Parti.	Je pars.	Je partis.	
Saillir.	Saillissant.	Sailli.	Je saillis.	Je saillis.	Signifiant *jaillir avec impétuosité*, ce verbe est régulier, et ne s'emploie qu'*aux troisièmes personnes et au présent de l'infinitif* : il saillit; ils saillissent; il saillissait; il saillira; il saillirait, etc. Signifiant *s'avancer en dehors*, il est irrégulier et n'a que *les troisièmes personnes* : saillant; il saille; il a sailli; il saillira.
Sentir.	Sentant.	Senti.	Je sens.	Je sentis.	Réguliers d'après leurs temps primitifs.
Sortir.	Sortant.	Sorti.	Je sors.	Je sortis.	
Tenir.	Tenant.	Tenu.	Je tiens.	Je tins.	PRÉS. DE L'IND. je tiens, nous tenons, vous tenez, ils tiennent. — IMPARF. je tenais. — FUT. je tiendrai. — COND. je tiendrais. — IMPÉR. tiens, tenons, tenez. — SUBJ. PRÉS. que je tienne, que nous tenions, que vous teniez, qu'ils tiennent.
Tressaillir.	Tressaillant.	Tressailli.	Je tressaille.	Je tressaillis.	Régulier d'après ses temps primitifs.
Venir.	Venant.	Venu.	Je viens.	Je vins.	PRÉS. DE L'IND. je viens, nous venons, vous venez, ils viennent. — FUT. je viendrai. — COND. je viendrais. — IMPÉR. viens, venons, venez. — PRÉS. DU SUBJ. que je vienne, que nous venions, que vous veniez, qu'ils viennent.
Vêtir.	Vêtant.	Vêtu.	Je vêts.	Je vêtis.	Régulier d'après ses temps primitifs. On dit : nous vêtons, je vêtais, et non nous *vêtissons*, je *vêtissais*.
					Troisième conjugaison.
[illegible]seoir (s').	Asseyant (s').	Assis.	Je m'assieds.	Je m'assis.	PRÉS. DE L'IND. je m'assieds, tu t'assieds, il s'assied, nous nous asseyons, vous vous asseyez, ils s'asseyent. — FUT. je m'assiérai ou je m'asseyerai, tu t'asseyeras, etc. — COND. je m'assiérais ou je m'asseyerais. — PRÉS. DU SUBJ. que je m'asseye, que tu t'asseyes, que nous nous asseyions, etc.
Choir.	»	»	»	»	Usité seulement à l'INF. PRÉS.
Déchoir.	»	Déchu.	Je déchois.	Je déchus.	PRÉS. DE L'IND. je déchois, nous déchoyons, vous déchoyez, ils déchoient. — IMPARF. je déchoyais. — FUT. je décherrai. — COND. je décherrais. — PRÉS. DU SUBJ. que je déchoie, que nous déchoyions, que vous déchoyiez, qu'ils déchoient.
Échoir.	Échéant.	Échu.	Il échoit.	J'échus.	AU PRÉS. DE L'IND. il n'est guère usité qu'à la 3e personne du sing. : *il échoit*, qu'on prononce et qu'on écrit quelquefois *échet*. — FUT. j'écherrai. — COND. j'écherrais — IMPARF. DU SUBJ. que j'échusse.
Falloir.	»	Fallu.	Il faut.	Il fallut.	FUT. il faudra. — COND. il faudrait. — PRÉS. DU SUBJ. qu'il faille.
Mouvoir.	Mouvant.	Mû.	Je meus.	Je mus.	PRÉS. DE L'IND. je meus, tu meus, il meut, nous mouvons, vous mouvez, ils meuvent. — FUT. je mouvrai. — COND. je mouvrais. — PRÉS. DU SUBJ. que je meuve, que tu meuves, qu'il meuve, que nous mouvions, que vous mouviez, qu'ils meuvent.
Pleuvoir.	Pleuvant.	Plu.	Il pleut.	Il plut.	Régulier d'après ses temps primitifs. Quoique impersonnel il peut s'employer au figuré à la 3e personne du pluriel : *les coups pleuvaient sur lui; les honneurs pleuvent sur cette famille.*
Pourvoir.	Pourvoyant.	Pourvu.	Je pourvois.	Je pourvus.	Régulier d'après ses temps primitifs; alors il fait au FUTUR, je pourvoirai, et au COND. je pourvoirais.
Pouvoir.	Pouvant.	Pu.	Je puis.	Je pus.	PRÉS. DE L'IND. je peux ou je puis, tu peux, il peut, nous pouvons, vous pouvez, ils peuvent. — FUT. je pourrai. — COND. je pourrais. — PRÉS. DU SUBJ. que je puisse.
Prévaloir.	Prévalant.	Prévalu.	Je prévaux.	Je prévalus.	PRÉS. DE L'IND. je prévaux, tu prévaux, il prévaut, nous prévalons, vous prévalez, ils prévalent. — FUT. je prévaudrai. — COND. je prévaudrais. — PRÉS. DU SUBJ. que je prévale, que nous prévalions, que vous prévaliez, qu'ils prévalent.
Ravoir.	»	»	»	»	Usité seulement à L'INF. PRÉS.

PREMIÈRE REMARQUE. Les composés d'un verbe se conjuguent comme ce verbe. Ainsi : *entretenir*, *maintenir*, etc., se conjuguent comme *tenir* dont ils sont les composés. Il en est de même de *devenir*, *parvenir*, composés de *venir*, et de *contrefaire*, *défaire*, etc., composés du verbe *faire*.

Temps primitifs.					Temps irréguliers.
PRÉSENT DE L'INFINITIF.	PARTICIPE PRÉSENT.	PARTICIPE PASSÉ.	PRÉSENT DE L'INDICATIF.	PASSÉ DÉFINI.	
Savoir.	Sachant.	Su.	Je sais.	Je sus.	PRÉS. DE L'IND. je sais, tu sais, il sait, nous savons, vous savez, ils savent. — IMPARF. je savais, etc. FUT. je saurai, etc. — COND. je saurais, etc. — IMPÉR. sache, sachons, sachez. — PRÉS. DU SUBJ. que je sache, etc., que nous sachions, etc.
Seoir.	Séant.	Sis.	Il sied.	»	Dans le sens d'*être situé*, il ne s'emploie qu'*aux participes* séant, séante, sis, sise. Dans le sens d'*être convenable*, il ne s'emploie qu'à la *troisième personne* des temps suivants : IND. PRÉS. ils sied, ils siéent. — IMPARF. il seyait, ils seyaient. — FUT. il siéra, ils siéront. — CONDIT. il siérait, ils siéraient. — SUB. PRÉS. qu'il siée, qu'ils siéent. — PART. PRÉS. séyant.
Valoir.	Valant.	Valu.	Je vaux.	Je valus.	PRÉS. DE L'IND. je vaux, tu vaux, il vaut, nous valons, vous valez, ils valent. — FUT. je vaudrai, etc. — COND. je vaudrais, etc. — Point D'IMPÉR. — PRÉS. DU SUBJ. que je vaille, etc. — que nous valions, que vous valiez, qu'ils vaillent.
Voir.	Voyant.	Vu.	Je vois.	Je vis.	FUT. je verrai, tu verras, etc. — COND. je verrais, tu verrais, etc. Régulier dans les autres temps.
Vouloir.	Voulant.	Voulu.	Je veux.	Je voulus.	PRÉS. DE L'IND. je veux, tu veux, il veut, nous voulons, vous voulez, ils veulent. — FUT. je voudrai, etc. — COND. je voudrais, etc. — IMPÉR. veuille ou veux, voulons, veuillez ou voulez. — PRÉS. DU SUBJ. que je veuille, que tu veuilles, qu'il veuille, que nous voulions, que vous vouliez, qu'ils veuillent.
					Quatrième conjugaison.
Absoudre.	Absolvant.	Absous.	J'absous.	»	Régulier d'après ses temps primitifs. PRÉS. DE L'IND. j'absous, nous absolvons, etc.; IMPARF. j'absolvais; COND. j'absoudrais; SUBJ. PRÉS. que j'absolve, etc.
Battre.	Battant.	Battu.	Je bats.	Je battis.	Régulier d'après ses temps primitifs.
Boire.	Buvant.	Bu.	Je bois.	Je bus.	PRÉS. DE L'IND. je bois, tu bois, il boit, nous buvons, vous buvez, ils boivent. — FUT. je boirai, etc. — COND. je boirais, etc. — PRÉS. DU SUBJ. que je boive, etc., que nous buvions, que vous buviez, qu'ils boivent.
Braire.	»	»	Il brait.	»	Ce verbe n'a que les personnes et les temps suivants : PRÉS. DE L'IND. il brait, ils braient. FUT. il braira, ils brairont. — COND. il brairait, ils brairaient.
Bruire.	Bruyant.	»	»	»	Il n'est usité que dans les personnes et les temps suivants : PRÉS. DE L'IND. il bruit. IMP. il bruyait, ils bruyaient.
Circoncire.	Circoncisant.	Circoncis.	Je circoncis.	Je circoncis.	Régulier d'après ses temps primitifs.
Clore.	»	Clos.	Je clos.	»	Il n'est usité que dans les temps composés et dans les temps suivants : PRÉS. DE L'IND. je clos, tu clos, il clot. Point de pluriel. — FUT. je clorai, etc. — COND. je clorais, etc.
Conclure.	Concluant.	Conclu.	Je conclus.	Je conclus.	Réguliers d'après leurs temps primitifs.
Confire.	Confisant.	Confit.	Je confis.	Je confis.	
Coudre.	Cousant.	Cousu.	Je couds.	Je cousis.	
Croire.	Croyant.	Cru.	Je crois.	Je crus.	
Croître.	Croissant.	Crû.	Je croîs.	Je crûs.	Régulier d'après ses temps primitifs; mais il prend un accent circonflexe sur l'**i** et sur l'**u**, quand ces voyelles ne sont pas suivies de deux **s** : je croîs, je crûs, je croîtrai, je croîtrais.
Dire.	Disant.	Dit.	Je dis.	Je dis.	Ce verbe n'est irrégulier qu'à la 2e *personne du pluriel du présent de l'indicatif* : vous DITES, et à *la même personne de l'impératif* : DITES. REDIRE se conjugue de même; mais DÉDIRE, INTERDIRE, CONTREDIRE, MÉDIRE et PRÉDIRE, font : vous *dédisez*, vous *contredisez*, vous *interdisez*, vous *médisez*, vous *prédisez*. Dans les autres temps ils se conjuguent comme le verbe DIRE.
Éclore.	»	Éclos.	Il éclot.	»	Il n'est usité que dans les personnes et les temps suivants : PRÉS. DE L'IND. il éclot, ils éclosent. FUT. il éclora, ils écloront. — COND. il éclorait, ils écloraient. — PRÉS. DU SUBJ. qu'il éclose, qu'ils éclosent.
Écrire.	Écrivant.	Écrit.	J'écris.	J'écrivis.	Réguliers d'après leurs temps primitifs.
Exclure.	Excluant.	Exclu.	J'exclus.	J'exclus.	
Faire.	Faisant.	Fait.	Je fais.	Je fis.	PRÉS. DE L'IND. je fais, tu fais, il fait, nous faisons, vous faites, ils font. — FUT. je ferai, tu feras, etc. — PRÉS. DU SUBJ. que je fasse, que tu fasses, etc. Malfaire n'est usité qu'à L'INF. PRÉS. ainsi que forfaire et méfaire.
Frire.	»	Frit.	Je fris.	»	Ce verbe n'est usité que dans les personnes et les temps suivants : PRÉS. DE L'IND. je fris, tu fris, il frit. Point de pluriel. — FUT. je frirai, tu friras, etc. — COND. je frirais, tu frirais, etc. IMPÉR. Fris. Point de pluriel. Il a tous les temps composés.
Joindre.	Joignant.	Joint.	Je joins.	Je joignis.	Réguliers d'après leurs temps primitifs. Le verbe naître prend l'auxiliaire *être* dans ses temps composés.
Lire.	Lisant.	Lu.	Je lis.	Je lus.	
Luire.	Luisant.	Lui.	Je luis.	»	
Maudire.	Maudissant.	Maudit.	Je maudis.	Je maudis.	
Mettre.	Mettant.	Mis.	Je mets.	Je mis.	
Naître.	Naissant.	Né.	Je nais.	Je naquis.	
Nuire.	Nuisant.	Nui.	Je nuis.	Je nuisis.	
Oindre.	Oignant.	Oint.	J'oins.	J'oignis.	IND. PRÉS. j'oins, nous oignons. — IMP. j'oignais, nous oignons. — FUT. j'oindrai, nous oindrons. — COND. j'oindrais. — IMP. oins, oignons, oignez. — SUBJ. PRÉS. que j'oigne, que nous oignions.
Paître.	Paissant.	»	Je pais.	»	Régulier d'après ses temps primitifs. Il ne s'emploie point dans les autres temps.
Répondre.	Répondant.	Répondu.	Je réponds.	Je répondis.	Réguliers d'après leurs temps primitifs.
Résoudre.	Résolvant.	Résolu.	Je résous.	Je résolus.	
Rire.	Riant.	Ri.	Je ris.	Je ris.	
Rompre.	Rompant.	Rompu.	Je romps.	Je rompis.	
Prendre.	Prenant.	Pris.	Je prends.	Je pris.	PRÉS. DE L'IND. je prends, tu prends, il prend, nous prenons, vous prenez, ils prennent. — PRÉS. DU SUBJ. que je prenne, que tu prennes, qu'il prenne, que nous prenions, que vous preniez, qu'ils prennent.
Suffire.	Suffisant.	Suffi.	Je suffis.	Je suffis.	Réguliers d'après leurs temps primitifs.
Suivre.	Suivant.	Suivi.	Je suis.	Je suivis.	
Taire.	Taisant.	Tu.	Je tais.	Je tus.	
Traire.	Trayant.	Trait.	Je trais.	»	
Vaincre.	Vainquant.	Vaincu.	Je vaincs.	Je vainquis.	PRÉS. DE L'IND. je vaincs, tu vaincs, il vainc, nous vainquons, vous vainquez, ils vainquent. Les autres temps se conjuguent régulièrement d'après les temps primitifs.
Vivre.	Vivant.	Vécu.	Je vis.	Je vécus.	Régulier d'après ses temps primitifs.

SECONDE REMARQUE. Lorsqu'un temps primitif manque, ses dérivés, en général, manquent aussi. Ainsi les verbes *traire* et *absoudre* n'ayant point le passé défini, n'ont point l'imparfait du subjonctif.

Chalon s.s., Typ. [illegible].

Atlas Grammatical.

IDÉOLOGIE.

OBSERVATIONS SUR LES VERBES.

6e TABLEAU.

Observations sur les Verbe

Du Radical et de la Finale; des Temps primitifs, dérivés, simples et composés; des Verbes réguliers, irréguliers et défectueux; de l'emploi de l'accent circonflexe dans les verbes; Remarques sur quelques difficultés orthographiques des verbes des quatre conjugaisons.

ON DISTINGUE DANS LES VERBES.

1° Les éléments :

- **Le Radical.** C'est cette partie du verbe qui ne varie jamais, et que l'on trouve en supprimant la terminaison de l'infinitif : *aim* er, *chant* er, *fin* ir, *rec* evoir, *rend* re.
- **La Finale.** C'est la partie du verbe qui termine chaque personne; elle indique par sa forme les modifications de mode, de temps, de nombre et de personne : J'aim *ais*, tu chant *eras*, nous rend *rions*. (Voir le tableau des conjugaisons.)

2° La nature des Temps :

- **Primitifs**, ceux qui servent à former les autres. Ce sont :
  - **L'Infinitif présent** qui forme :
    - Le **Futur simple**, en changeant **r, oir** ou **re** en **rai** : aimer, j'aime *rai*; finir, je fini *rai*; recev *oir*, je recev *rai*; rendre, je rend *rai*.
    - Le **Présent condit.**, en changeant **r, oir** ou **re** en **rais** : aimer, j'aime *rais*; fini r, je fini *rais*; recev oir, je recev *rais*; rend *re*, je rend *rais*.
  - **Le Participe prés.** qui forme :
    - Le **Présent de l'indic.**, au pluriel, en changeant **ant** en **ons, ez, ent** : aim *ant*, nous aim *ons*, vous aim *ez*, ils aim *ent*; rend *ant*, nous rend *ons*, vous rend *ez*, ils rend *ent*.
    - L'**Imparfait**, en changeant **ant** en **ais** : chant *ant*, je chant *ais*; finiss *ant*, je finiss *ais*; recev *ant*, je recev *ais*; rend *ant*, je rend *ais*.
    - Le **Présent du subj.**, en changeant **ant** en **e** muet : chant *ant*, que je chant *e*; finiss *ant*, que je finiss *e*; rend *ant*, que je rend *e*. Excepté *recevant* qui fait que je *reçoive*.
  - Le **Participe passé**, qui forme **les temps composés** à l'aide des verbes **avoir** et **être** : *j'ai aimé*, vous *avez chanté*, vous *êtes partis*, vous *serez écoutés*.
  - Le **Présent de l'indicatif**, qui forme **l'impératif**, en supprimant les pronoms du premier de ces temps : j'aime, impératif : *aime*; je finis, imp. *finis*; je reçois, imp. *reçois*; je rends, imp. *rends*. Excepté *j'ai*, **je** *suis*, je *vais*, je *sais*, qui font à l'impératif, *aie*, *sois*, *va*, *sache*.
  - Le **Passé défini**, qui forme **l'imparfait du subj.**, en changeant **ai** en **asse** pour la première conjugaison, et en ajoutant **se** pour les trois autres : j'aim *ai*, que j'aim *asse*; je fini *s*, que je finis *se*; je reçu *s*, **que** je reçus *se*; je rendi *s*, que je rendis *se*.
- **Dérivés**, ceux qui sont formés des temps primitifs. (Voyez ci-dessus.)
- **Simples**, ceux qui ne sont formés que d'un seul mot : j'*aime*, je *viendrais*, nous *parlons*, vous *sortirez*.
- **Composés**, ceux dans la formation desquels il entre un auxiliaire et un participe : j'ai su, vous *êtes sortis*.

3° Les Verbes :

- **Réguliers**, ceux qui sont en tout conformes aux modèles des quatre conjugaisons.
- **Irréguliers**, ceux qui s'écartent des modèles des quatre conjugaisons, dans quelques temps ou dans quelques personnes.
- **Défectueux**, ceux dans lesquels il manque quelques temps, ou quelques personnes.

(Irréguliers et Défectueux :) Voir le tableau des verbes irréguliers et défectueux.

4° L'emploi de l'accent circonflexe dans cinq temps :

- Le **Passé défini**, Le **Passé ant.**, à la 1re et à la 2e personne du singulier : nous *aimâmes*, vous *reçûtes*, nous *finîmes*, vous *rendîtes*. nous *eûmes aimé*, vous *eûtes fini*, nous *eûmes reçu*, vous *eûtes rendu*.
- Le **Passé condit.**, L'**Imparfait du subj.**, Le **Plus que parfait**, à la 3e personne du sing. : il *eût aimé*, il *eût fini*, il *eût reçu*, il *eût rendu*. qu'il *aimât*, qu'il *finît*, qu'il *reçût*, qu'il *rendît*. qu'il *eût aimé*, qu'il *eût fini*, qu'il *eût reçu*, qu'il *eût rendu*.

Remarques sur quelques verbes des quatre conjugaisons.

1re Conjugaison.

- Les verbes terminés à l'infinitif par :
  - **ayer, oyer, uyer**, remplacent l'**y** par un **i** simple devant un **e** muet : balayer, je *balaie*; employer, j'*emploierai*; s'ennuyer, il *s'ennuie*. Excepté les verbes *rayer* et *enray*[er] qui conservent toujours l'**y** : je *rayerai*, j'*enrayerais*.
  - **éer**, comme **créer**, prennent deux **e** de suite dans toutes les personnes dont la finale commence par un **e** muet : je *cré e*; j'*agré erais*; je *supplé erais*, et trois **e** au participe passé féminin : une proposition *agré ée*.
  - **ier**, comme **lier**, prennent deux **i** de suite à la 1re et à la 2e personne du pluriel de l'imparfait de l'indicatif et du présent du subjonctif : je *liais*, nous *liions*; que je pr[iions], que vous *priiez*.
  - **yer**, comme **appuyer**, prennent un **y** et un **i** à la 1re et à la 2e personne du pluriel de l'imparfait de l'indicatif et du présent du subjonctif : que nous *appuyions*; q[ue] vous *essuyiez*.
  - **cer**, comme **forcer**, prennent une *cédille* devant les voyelles **a** et **o** pour adoucir la prononciation du **c** : il *força*, nous *menaçons*.
  - **ger**, comme **manger**, prennent un **e** muet après le **g** devant les voyelles **a** et **o**, pour e[n] adoucir la prononciation : il *mangea*, nous *forgeons*, il *ménagea*.
  - **eler** et **eter**, comme **appeler**, **jeter**, doublent les consonnes **l** et **t** devant un **e** muet : *appelle*, il *jette*, il *rejettera*. Cette règle n'est pas applicable aux verbes en **éle**[r], **éter**, qui ne doublent jamais ces consonnes : il *révèle*, il *végètera*.
  - **uer** et **ouer**, comme **remuer**, **jouer** prennent l'**e** muet au futur et au conditionnel : *jouerai*, je *remuerai*; et un **i** surmonté d'un tréma à la première et à la seco[nde] personne du pluriel de l'imparfait de l'indicatif et du présent du subjoncti[f] : que nous *jouïons*, que vous *jouïez*; que nous *remuïons*, que vous *remuïez*.
  - une **syllabe** précédée d'un **e** muet ou d'un **é** fermé, changent ces deux **e** en **è** ouvert deva[nt] une syllabe muette : *semer*, je *sème*; *révéler*, je *révèle*; *peser*, je *pèserais*.
- **A l'impératif** des verbes de la première conjugaison, on emploie la lettre euphonique **s** devant **en**, **y** : *donnes-en*, *mènes-y*.

2e Conjugaison.

- **Haïr**, prend deux points sur l'**i** dans toute sa conjugaison, excepté dans le singulier du présent de l'indicatif : je *hais*, tu *hais*, il *hait*; et à la 2e personne de l'impératif : *hais*.
- **Bénir**. Ce verbe a deux participes passés :
  - **bénit, bénite**, qui signifie consacré par une cérémonie religie[u]se : de l'eau *bénite*.
  - **béni, bénie**, qui a toutes les autres significations : peuple *bén*[i] *de Dieu*.
- **ir** et **ire**. On reconnaît qu'un verbe terminé par **ir** est de la 4e conjugaison, lorsqu'il change cette terminaison en **isant** ou **ivant** au participe présent : *détruire*, *détrui-sant*; *écrire*, *écri-vant*. Autrement il est de la 2e : *finir*, *fin-issant*; *étourdir*, *étourdi-ssant*.

3e Conjugaison.

- **Devoir**, **redevoir**, **mouvoir**, prennent un accent circonflexe sur l'**u** au participe passé masculin : dû, *redû* et *mû*.
- **Boire** et **croire**, sont les seuls verbes en **oir** qui appartiennent à la 4e conjugaison.

4e Conjugaison.

- Verbes terminés par :
  - **dre**. Parmi les verbes terminés en **dre**, ceux qui sont en **indre** et en **soudre**, perdent le **d** et le remplacent par **s**, **s**, **t** : joindre, je *joins*, tu *joins*, il *joint*; résoudre, je *résous*, tu *résous*, il *résout*.
  - **indre**. Les verbes de cette terminaison s'écrivent par **eindre** : *éteindre*, *feindre*. Except[é] *plaindre*, *craindre* et *contraindre*.
  - **andre**. Les verbes de cette terminaison s'écrivent par **endre** : *étendre*, *prendre*. Except[é] *répandre* et *épandre*.
- **Absoudre, dissoudre**. Ces deux verbes prennent un **s** au participe passé : *absous*, *dissous*, quoiqu'ils fassent au féminin : *absoute* et *dissoute*.

Gravé s. t. typ. Moulins

ANALYSE GRAMMATICALE.

L'**Analyse**, appliquée à la science du langage, est la décomposition d'une phrase en ses diverses parties, pour en distinguer les éléments, et connaître tous les rapports qu'ils ont entre eux. Il y a donc deux choses à considérer dans une phrase : 1° **Les éléments grammaticaux** qui la composent, tels que le Nom, l'Article, l'Adjectif, le Pronom, le Verbe, etc.; 2° **Les différents rapports** que les mots ont entre eux pour devenir l'expression de la pensée. De là deux sortes d'Analyse : l'Analyse des mots et l'Analyse de la proposition. La première prend le nom d'**Analyse grammaticale**, la seconde celui d'**Analyse logique.**

La phrase considérée grammaticalement renferme autant de parties qu'elle a de mots; l'analyser, c'est rapporter successivement tous les mots dont elle est formée à l'une des dix parties du discours, à ses divisions et à ses subdivisions. — Nous avons étendu cette analyse à la décomposition de la proposition en ses éléments primitifs, tels que Sujet, Verbe, Complément direct et Complément indirect, dont la connaissance doit être acquise de bonne heure par les élèves, afin qu'ils puissent appliquer sans efforts les règles de la concordance.

Analyse des éléments du Discours.

Phrase à analyser : Les enfants intelligents réussissent toujours dans leurs études, lorsqu'ils aiment le travail.

Cet exercice ne comprend que les éléments du Discours.

1er Exercice.

- **Les,** *article,* parce qu'il détermine le sub. *enfants*, et qu'il en fait connaître le nombre
- **enfants,** *nom*, parce qu'il désigne une personne.
- **intelligents,** *adjectif,* parce qu'il s'ajoute au subst. *enfants*, pour le qualifier.
- **réussissent,** *verbe*, parce qu'il exprime une action.
- **toujours,** *adverbe*, parce qu'il modifie un verbe.
- **dans,** *préposition*, parce qu'il indique un rapport entre *réussissent* et *études*.
- **leurs,** *adjectif,* parce qu'il s'ajoute au sub. *études* pour le déterminer.
- **études,** *nom*, parce qu'il désigne une chose.
- **lorsque,** *conjonction,* parce qu'il unit les deux parties de la phrase.
- **ils,** *pronom*, parce qu'il tient la place du sub. *enfants*.
- **aiment,** *verbe*, parce qu'il exprime une action.
- **le,** *article,* parce qu'il détermine le sub. *travail*, et qu'il en fait connaître le genre et le nombre.
- **travail,** *nom*, parce qu'il désigne une chose.

Cet exercice comprend les éléments du discours, leurs divisions et leurs subdivisions.

2e Exercice.

- **Les,** *article simple*, parce qu'il n'est point formé à l'aide d'une des propositions *à* ou *de*.
- **enfants,** *nom commun*, parce qu'il convient à tous les êtres de même espèce.
- **intelligents,** *adjectif qualificatif*, parce qu'il ajoute au subst. *enfants* une idée de qualification.
- **réussissent,** *verbe neutre*, parce qu'il n'a point de complément direct.
- **toujours,** *adverbe*, parce qu'il modifie le verbe *réussir* par une idée de temps.
- **dans,** *préposition*, parce qu'il met en rapport *études* et *réussissent*.
- **leurs,** *adjectif déterminatif possessif*, parce qu'il ajoute au subst. *études*, une idée de possession.
- **études,** *nom commun*, parce qu'il convient à tous les objets de même espèce.

Cet exercice comprend les éléments du discours et leurs idées accessoires de genre, de nombre, etc.

3e Exercice.

- **Les,** *article simple; masculin, pluriel*, parce qu'il prend le genre et le nombre du subst. *enfants* auquel il se rapporte.
- **enfants,** *nom commun, masculin, pluriel:* *masculin*, parce qu'il désigne des êtres mâles et qu'on dit **un** enfant; *pluriel*, parce qu'il désigne plusieurs enfants.
- **intelligents,** *adjectif qualificatif; masculin, pluriel*, parce qu'il prend le genre et le nombre du subst. *enfants* auquel il se rapporte.
- **réussissent,** *verbe neutre,* *au présent de l'indicatif*, parce qu'il présente l'action comme certaine, dans un temps présent. *à la 3e personne du pluriel*, parce qu'il prend le nombre et la personne du subst. *enfants* (son sujet), auquel il se rapporte.
- **toujours,** *adverbe*, mot invariable.
- **dans,** *préposition*, mot invariable.
- **leurs,** *adjectif possessif; féminin, pluriel*, parce qu'il prend le genre et le nombre du subst. *études* auquel il se rapporte.
- **études,** *nom commun, féminin pluriel: féminin*, parce qu'on dit **une** étude; *pluriel*, parce qu'il désigne plusieurs études.

Analyse des éléments de la Proposition.

Éléments de la proposition.

Le **Sujet.** On appelle sujet le nom de la personne ou de la chose, auquel se rapporte l'existence ou l'action marquée par le verbe. Pour trouver le sujet d'un verbe, il suffit de mettre *qui est-ce qui?* ou *qu'est-ce qui?* devant ce verbe. La réponse à cette question indique le sujet du verbe : *mon frère travaille*. Qui est-ce qui travaille? Mon frère. Le mot *frère* est donc le sujet du verbe *travaille*. Le sujet est ordinairement représenté par un nom ou un *pronom*.

Le **Verbe.** C'est le mot qui sert de lien aux parties de la proposition.

Le **Complément.** Le complément du verbe est le mot qui en complète la signification, et qui en dépend immédiatement; il y en a de deux sortes . . . .

- Le **complément direct**, celui qui complète le verbe sans le secours d'une préposition. On le reconnaît en mettant *qui?* ou *quoi?* après le verbe. Dans cette phrase : *j'aime mon père, j'ai fini mon devoir*; *père* est le complément direct du verbe *aimer*, et *devoir*, celui du verbe *finir*. J'aime *qui?* Mon père; j'ai fini *quoi?* Mon devoir.
- Le **complément indirect**, celui qui complète le verbe à l'aide d'une préposition. Dans cette phrase : *je reviens de la campagne*. Ces mots *de la campagne*, sont le complément indirect de *je reviens*.

Remarque. Tout mot est le complément d'un autre mot, lorsqu'il en complète la signification. Quand je dis *la bonté de Dieu*, *Dieu* est le complément de la préposition *de*, et *de Dieu* le complément du mot *bonté*.

Phrase à analyser : Les enfants intelligents réussissent toujours dans leurs études, lorsqu'ils aiment le travail.

Cette phrase renferme **deux** propositions :

1er Exercice.

- 1re P. Réussissent. **Sujet**, les enfants intelligents. **Complément indirect**, dans leurs études.
- 2e P. Aiment. **Sujet**, ils, mis pour *les enfants*. **Complément direct**, le travail.

Lorsque les élèves seront suffisamment exercés sur ce premier modèle, il conviendrait, pour plus de rapidité, de leur faire disposer l'analyse des éléments de la proposition comme dans le second exercice.

Phrase à analyser : L'envie ne saurait se cacher; elle accuse sans aucune preuve; elle grossit les défauts; elle a des qualifications énormes pour les moindres fautes.

2e Exercice.

	Verbes.	Sujets.	Compléments directs.	Compléments indirects.
1	Saurait (ne),	L'envie,	se cacher.	
2	Cacher,	un verbe à l'inf. n'a point de sujet,	se, mis pour l'envie.	
3	Accuse,	elle, mis pour l'envie,	»	sans aucune preuve.
4	Grossit,	elle, mis pour l'envie,	les défauts.	
5	A,	elle, mis pour l'envie,	des qualifications énormes,	pour les moindres fautes.

On ne saurait trop insister sur l'analyse grammaticale, dont la connaissance est indispensable dans l'accord des mots entre eux.

1844

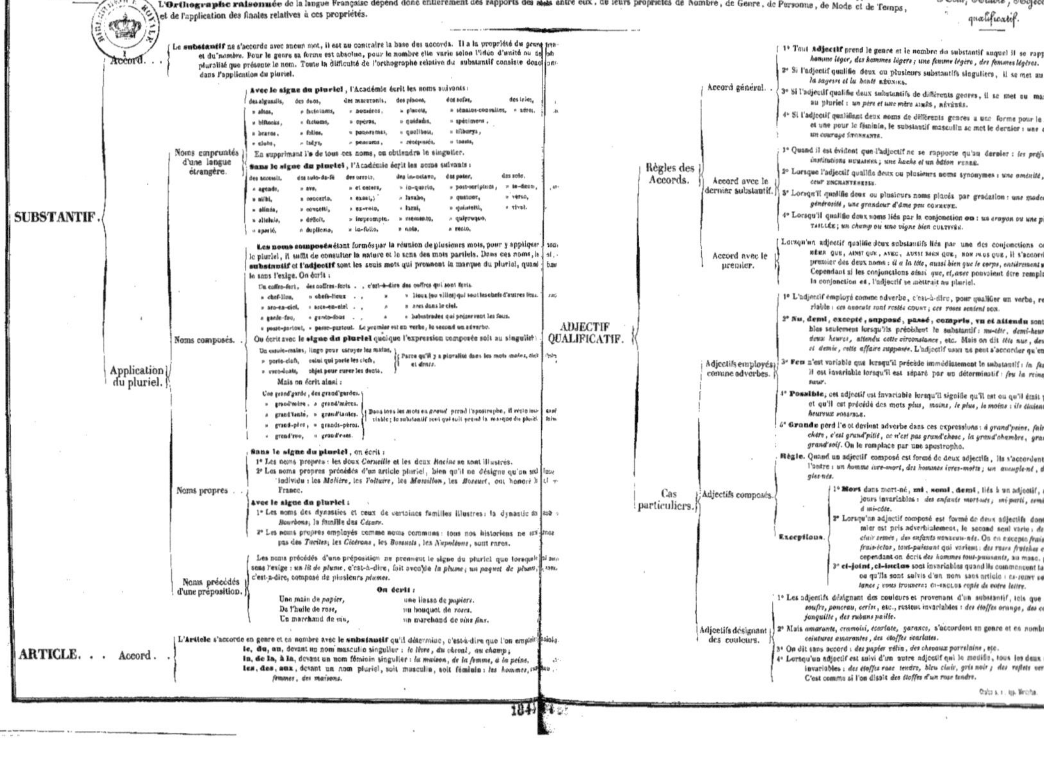

Atlas Grammatical.
SYNTAXE-CONCORDANCE.

ORTHOGRAPHE RAISONNÉE DU NOM, DE L'ARTICLE ET DE L'ADJECTIF QUALIFICATIF.

8e TABLEAU.
Nom, Article, Adjectif qualificatif.

L'**Accord** ou la **Concordance** dans les mots d'une phrase consiste dans le rapport des mots accessoires au mot principal, et dans la forme qu'ils revêtent pour indiquer ce rapport.
L'**Orthographe raisonnée** de la langue Française dépend donc entièrement des rapports des mots entre eux, de leurs propriétés de Nombre, de Genre, de Personne, de Mode et de Temps, et de l'application des finales relatives à ces propriétés.

SUBSTANTIF.

Accord.

Le **substantif** ne s'accorde avec aucun mot, il est au contraire la base des accords. Il a la propriété du *genre* et du *nombre*. Pour le genre sa forme est absolue, pour le nombre elle varie selon l'idée d'unité ou de pluralité que présente le nom. Toute la difficulté de l'orthographe relative du substantif consiste donc dans l'application du pluriel.

Application du pluriel.

Noms empruntés d'une langue étrangère.

Avec le signe du pluriel, l'Académie écrit les noms suivants :

des alguazils, des duos, des macaronis, des pianos, des sofas, des iries,
» altos, » factotums, » numéros, » placets, » sénatus-consultes, » zéros,
» biftecks, » factums, » opéras, » quidams, » spécimens,
» bravos, » folios, » panoramas, » quolibets, » tilburys,
» clubs, » ladys, » pensums, » récépissés, » toasts,

En supprimant l's de tous ces noms, on obtiendra le singulier.

Sans le signe du pluriel, l'Académie écrit les noms suivants :

des accessit, des auto-da-fé des errata, des in-octavo, des pater, des solo,
» agenda, » ave, » et cetera, » in-quarto, » post-scriptum, » te-deum,
» alibi, » concerto, » exeat, » lavabo, » quatuor, » verso,
» alinéa, » concetti, » ex-voto, » lazzi, » quintetti, » vivat.
» alleluia, » déficit, » impromptu, » memento, » quiproquo,
» aparté, » duplicata, » in-folio, » nota, » recto,

Noms composés.

Les noms composés étant formés par la réunion de plusieurs mots, pour y appliquer le pluriel, il suffit de consulter la nature et le sens des mots partiels. Dans ces noms, le **substantif** et **l'adjectif** sont les seuls mots qui prennent la marque du pluriel, quand le sens l'exige. On écrit :

Un coffre-fort, des coffres-forts . . , c'est-à-dire des coffres qui sont forts.
» chef-lieu, » chefs-lieux . . , » » lieux (ou villes) qui sont les chefs d'autres lieux.
» arc-en-ciel, » arcs-en-ciel . . , » » arcs dans le ciel.
» garde-fou, » garde-fous . . , » » balustrades qui préservent les fous.
» passe-partout, » passe-partout. Le premier est un verbe, le second un adverbe.

On écrit avec le **signe du pluriel** quoique l'expression composée soit au singulier :

Un essuie-mains, linge pour essuyer les mains,
» porte-clefs, celui qui porte les clefs,
» cure-dents, objet pour curer les dents.
} Parce qu'il y a pluralité dans les mots *mains*, *clefs* et *dents*.

Mais on écrit ainsi :

Une grand'garde, des grand'gardes.
» grand'mère, » grand'mères.
» grand'tante, » grand'tantes.
» grand-père, » grands-pères.
» grand'rue, » grand'rues.
} Dans tous les mots en *grand* prend l'apostrophe, il reste invariable ; le substantif seul qui suit prend la marque du pluriel.

Noms propres.

Sans le signe du pluriel, on écrit :
1° Les noms propres : les deux *Corneille* et les deux *Racine* se sont illustrés.
2° Les noms propres précédés d'un article pluriel, bien qu'il ne désigne qu'un seul individu : les *Molière*, les *Voltaire*, les *Massillon*, les *Bossuet*, ont honoré la France.

Avec le signe du pluriel :
1° Les noms des dynasties et ceux de certaines familles illustres : la dynastie des *Bourbons*; la famille des *Césars*.
2° Les noms propres employés comme noms communs : tous nos historiens ne sont pas des *Tacites*; les *Cicérons*, les *Bossuets*, les *Napoléons*, sont rares.

Noms précédés d'une préposition.

Les noms précédés d'une préposition ne prennent le signe du pluriel que lorsque le sens l'exige : un *lit de plume*, c'est-à-dire, fait avec de *la plume* ; un *paquet de plumes*, c'est-à-dire, composé de plusieurs *plumes*.

On écrit :

Une main de *papier*,	une liasse de *papiers*.
De l'huile de *rose*,	un bouquet de *roses*.
Un marchand de *vin*,	un marchand de *vins fins*.

ARTICLE. . . Accord.

L'**Article** s'accorde en genre et en nombre avec **le substantif** qu'il détermine, c'est-à-dire que l'on emploie :
le, du, au, devant un nom masculin singulier : *le livre, du cheval, au champ* ;
la, de la, à la, devant un nom féminin singulier : *la maison, de la femme, à la peine*.
les, des, aux, devant un nom pluriel, soit masculin, soit féminin : *les hommes, des femmes, des maisons*.

ADJECTIF QUALIFICATIF.

Règles des Accords.

Accord général.

1° Tout **adjectif** prend le genre et le nombre du substantif auquel il se rapporte : *homme léger, des hommes légers ; une femme légère, des femmes légères*.
2° Si l'adjectif qualifie deux ou plusieurs substantifs singuliers, il se met au pluriel : *la sagesse et la bonté* RÉUNIES.
3° Si l'adjectif qualifie deux substantifs de différents genres, il se met au masculin au pluriel : *un père et une mère* AIMÉS, RÉVÉRÉS.
4° Si l'adjectif qualifiant deux noms de différents genres a une forme pour le masc. et une pour le féminin, le substantif masculin se met le dernier : *une adresse, un courage* ÉTONNANTS.

Accord avec le dernier substantif.

1° Quand il est évident que l'adjectif ne se rapporte qu'au dernier : *les préjugés et institutions* HUMAINES ; *une hache et un bâton* FERRÉ.
2° Lorsque l'adjectif qualifie deux ou plusieurs noms synonymes : *une aménité, une douceur* ENCHANTERESSE.
3° Lorsqu'il qualifie deux ou plusieurs noms placés par gradation : *une modestie, générosité, une grandeur d'âme peu* COMMUNE.
4° Lorsqu'il qualifie deux noms liés par la conjonction **ou** : *un crayon ou une plume* TAILLÉE ; *un champ ou une vigne bien* CULTIVÉE.

Accord avec le premier.

Lorsqu'un adjectif qualifie deux substantifs liés par une des conjonctions comme, MÊME QUE, AINSI QUE, AVEC, AUSSI BIEN QUE, NON PLUS QUE, il s'accorde avec le premier des deux noms : *il a la tête, aussi bien que le corps, entièrement* NEUT... Cependant si les conjonctions *ainsi que, et, avec* pouvaient être remplacées par la conjonction **et**, l'adjectif se mettrait au pluriel.

Cas particuliers.

Adjectifs employés comme adverbes.

1° L'adjectif employé comme adverbe, c'est-à-dire, pour qualifier un verbe, reste invariable : *ces avocats sont restés* COURT ; *ces roses sentent* BON.
2° **Nu, demi, excepté, supposé, passé, compris, vu et attendu** sont invariables seulement lorsqu'ils précèdent le substantif : *nu-tête, demi-heure, passé deux heures, attendu cette circonstance*, etc. Mais on dit *tête nue, deux heures et demie, cette affaire supposée*. L'adjectif demi ne peut s'accorder qu'en genre.
3° **Feu** n'est variable que lorsqu'il précède immédiatement le substantif : *la feue reine* ; il est invariable lorsqu'il est séparé par un déterminatif : *feu la reine, feu ma sœur*.
4° **Possible**, cet adjectif est invariable lorsqu'il signifie qu'il est ou qu'il était possible et qu'il est précédé des mots *plus, moins, le plus, le moins* : *ils étaient le plus heureux* POSSIBLE.
5° **Grande** perd l'e et devient adverbe dans ces expressions : *à grand'peine, faire grand'chère, c'est grand'pitié, ce n'est pas grand'chose, la grand'chambre, grand'faim, grand'soif*. On le remplace par une apostrophe.

Adjectifs composés.

Règle. Quand un adjectif composé est formé de deux adjectifs, ils s'accordent l'un et l'autre : *un homme ivre-mort, des hommes ivres-morts ; un aveugle-né, des aveugles-nés*.

Exceptions.
1° **Mort** dans mort-né, **mi**, **semi**, **demi**, liés à un adjectif, sont toujours invariables : *des enfants mort-nés ; mi-parti, semi-doubl... à mi-côte*.
2° Lorsqu'un adjectif composé est formé de deux adjectifs dont le premier est pris adverbialement, le second seul varie : *de l'ave... clair semés, des enfants nouveau-nés*. On en excepte *frais-cueilli, frais-éclos, tout-puissant* qui varient : *des roses fraîches cueillies* ; cependant on écrit *des hommes tout-puissants*, au masc. pluriel.
3° **ci-joint, ci-inclus** sont invariables quand ils commencent la phrase ou qu'ils sont suivis d'un nom sans article : CI-JOINT *votre qu...lance ; vous trouverez* CI-INCLUS *copie de votre lettre*.

Adjectifs désignant des couleurs.

1° Les adjectifs désignant des couleurs et provenant d'un substantif, tels que *paille, soufre, ponceau, cerise*, etc., restent invariables : *des étoffes orange, des ceintures jonquille, des rubans paille*.
2° Mais *amarante, cramoisi, écarlate, garance*, s'accordent en genre et en nombre : *des ceintures amarantes, des étoffes écarlates*.
3° On dit sans accord : *des papier vélin, des chevaux porcelaine*, etc.
4° Lorsqu'un adjectif est suivi d'un autre adjectif qui le modifie, tous les deux restent invariables : *des étoffes rose tendre, bleu clair, gris noir ; des reflets vert do...* C'est comme si l'on disait *des étoffes d'un rose tendre*.

Chalons s. M., Typ. Martin.

ORTHOGRAPHE RAISONNÉE DE L'ADJECTIF DÉTERMINATIF, DU PRONOM ET DU VERBE.

ADJECTIF DÉTERMINATIF.

- **Adjectif de nombre.**
  - **VINGT et CENT,**
    - **prennent la marque du pluriel**, lorsqu'ils sont multipliés par un autre nombre et qu'ils sont suivis d'un nom : *il a* QUATRE-VINGTS *ans;* DEUX CENTS *hommes.* Quelquefois le substantif est sous-entendu : *ils étaient* QUATRE-VINGTS *à table.* On dit aussi : *l'hospice des* QUINZE-VINGTS.
    - **ne prennent pas la marque du pluriel**, 1° lorsqu'ils ne sont pas multipliés par un autre nombre : *nous étions* CENT ; *ils étaient* VINGT ; ou lorsque multipliés par un nombre, ils sont encore suivis d'un autre : QUATRE-VINGT-DIX *personnes* ; *deux* CENT TRENTE *soldats.* 2° Lorsqu'ils sont mis pour VINGTIÈME et CENTIÈME : *page* QUATRE-VINGT ; *chapitre* QUATRE-VINGT ; *l'an* HUIT CENT. Dans ce cas, ils déterminent toujours un nom singulier.
  - **MILLE s'écrit de trois manières :**
    - **mil**, invariable, dans la date ordinaire des années : *l'an* MIL *huit cent quarante-quatre.*
    - **mille**, invariable, lorsqu'il désigne le nombre dix fois cent : *deux* MILLE *personnes* ; *dix* MILLE *hommes.*
    - **mille**, avec *s* au pluriel, lorsqu'il désigne une mesure de chemin. Dans ce cas, c'est un substantif soumis à la règle générale : *il a fait trois* MILLES *en une heure.*
- **Adjectif possessif.**
  - **NOTRE, VOTRE et LEUR,**
    - s'écrivent au **singulier**, lorsque le substantif auquel ils sont joints ne présente que l'idée de l'unité : *ces élèves écoutent* LEUR MAÎTRE ; *soldats, suivez* VOTRE CHEF ! ou lorsque ce substantif s'emploie ordinairement au singulier : *nous nous plaignons de* NOTRE SANTÉ, *de* NOTRE SORT ; *ils ont versé* LEUR SANG *pour la patrie.*
    - s'écrivent au **pluriel**, si le nom auquel ils sont joints renferme une idée de pluralité : *ils écoutent* LEURS MAÎTRES ; LEURS MAISONS *sont brûlées* ; NOS CŒURS *furent brisés.* — Il ne faut pas confondre *leur*, adjectif possessif, avec *leur*, pronom personnel ; ce dernier est toujours invariable : *il* LEUR *parle.*
- **Adjectif démonstr.**
  - **CE, CETTE, CES.**
    - Ce fait au féminin sing. **cette**, et au pluriel des deux genres **ces** : CE *livre*, CETTE *table*, CES LIVRES, CES TABLES. Il est toujours suivi d'un nom avec lequel il s'accorde.
    - Il ne faut pas confondre
      - **ce** avec **se**, pronom personnel, toujours placé devant un verbe : *ils se battent* ; *ces hommes s'estiment*, SE *respectent.*
      - **ces** avec **ses**, adjectif qui marque la possession : *cette mère aime* SES *enfants.*
- **Adjectif indéfini.**
  - **AUCUN et NUL,**
    - signifiant PAS UN, excluent toute idée de pluralité : *il n'a* AUCUN *ami* ; NUL *plaisir*, NULLE *peine.* Mais liés à un nom qui n'a pas de singulier, ou pris dans une signification plurielle, ils s'accordent en genre et en nombre avec ce nom : NULS *pleurs*, AUCUNES *troupes.*
  - **CHAQUE . . .**
    - marquant une idée distributive, ne se **met jamais au pluriel**, et doit toujours être suivi d'un nom : CHAQUE *pays*, CHAQUE *peuple.*
  - **MAINT, MAINTE,**
    - s'écrivent indifféremment au singulier ou au pluriel : MAINTE *fois*, MAINTES *fois* ; MAINTS *travaux.*
  - **MÊME . . . . .**
    - est **adjectif et s'accorde en nombre :**
      - 1° Lorsqu'il se rapporte à un seul nom : *les* MÊMES *hommes, les choses* MÊMES.
      - 2° Lorsqu'il est placé après un pronom : NOUS-MÊMES, VOUS-MÊMES, EUX-MÊMES.
      - 3° Lorsqu'il est précédé de l'article : *ces personnes sont les* MÊMES.
    - est **adverbe et reste invariable :**
      - 1° Lorsqu'il modifie un verbe : *ils osent* MÊME *nier Dieu.*
      - 2° Lorsqu'il est précédé de plusieurs noms, ou qu'il signifie de plus, aussi, encore : *les hommes, les femmes* MÊME ; *les enfants*, MÊME *les plus dociles.*
  - **QUELQUE . . .**
    - 1° **Suivi d'un verbe**, il s'écrit en deux mots, *quel* et *que* ; *quel*, adjectif, s'accorde en genre et en nombre, et *que*, conjonction, reste invariable : QUELLE QUE *soit votre richesse* ; QUELS QUE *soient vos talents.*
    - 2° **Suivi d'un substantif**, ou d'un adjectif immédiatement suivi d'un substantif, il s'écrit en un seul mot, et s'accorde en nombre : QUELQUES *enfants* ; QUELQUES *richesses que vous ayez* ; QUELQUES *beaux domaines que vous possédiez.*
    - 3° **Suivi d'un adjectif, d'un participe ou d'un adverbe**, immédiatement suivi de *que*, il s'écrit en un seul mot et reste invariable : QUELQUE *riches que vous soyez* ; QUELQUE *prudemment qu'ils agissent.*
    - 4° **Signifiant environ, à peu près, il est adverbe** : *il y a* QUELQUE *trente ans qu'il est parti.*
  - **TOUT. . . . . .**
    - est **adjectif et s'accorde**, lorsqu'il se rapporte à un substantif ou à un pronom : TOUS *les hommes* ; TOUTES *les femmes* ; et lorsqu'il indique la totalité : *nous y étions* TOUS ; *elles y étaient* TOUTES.
    - est **adverbe et reste invariable :**
      - 1° Lorsqu'il signifie entièrement, complètement : *je suis* TOUT *à vous* ; *une maison* TOUT *en flammes.*
      - 2° Lorsqu'il est suivi d'un adjectif commençant par une voyelle ou une h muette : *elle est* TOUT *émue*, TOUT *humiliée.*
    - **à tout moment** : lorsque TOUT est suivi d'un substantif non déterminé, on emploie indifféremment le singulier ou le pluriel : *à* TOUT *moment*, *en* TOUT *genre*, ou *à* TOUS *moments*, *en* TOUS *genres.*

PRONOM. . .

- **Accord du pronom.**
  - Le pronom doit toujours prendre le genre, le nombre et la personne de son antécédent, c'est-à-dire du mot qui le précède et qu'il représente : CES ENFANTS *sont heureux*, ILS *jouent* ; *j'ai vu* VOS SŒURS, ELLES *jouent* ; *les* AVOCATS QUI *parlent* ; *c'est* CELUI QUI *a plaidé pour vous.*

VERBE.

- **Accord général avec le sujet.**
  - 1° Le **Verbe** s'accorde avec son sujet, quelle qu'en soit la place, en nombre et en personne : CET ENFANT JOUE, IL PERD *son temps. Enfant* et *il* sont de la troisième personne du singulier, *joue* et *perd* sont de la troisième personne du singulier. TU JOUES ; *les* ENNEMIS FUYAIENT.
  - 2° Si le sujet se compose de plusieurs noms ou pronoms, le verbe se met au pluriel : *la* RELIGION *et la* MORALE DÉFENDENT *le suicide.*
  - 3° Si les sujets sont de différentes personnes, le verbe se met au pluriel et s'accorde avec la personne qui a la priorité. La première a la priorité sur la seconde, et la seconde sur la troisième : VOUS *et* MOI PARTIRONS *demain* ; MA SŒUR *et* TOI ACHÈVEREZ *cet ouvrage* ; MON PÈRE, VOUS *et* MOI SERONS RUINÉS.
- **Sujets composés.**
  - **Accord avec la dernière partie.**
    - 1° Si les mots composant le sujet sont synonymes : SON COURAGE, SON INTRÉPIDITÉ, ÉTONNE *les plus braves* ; SA RÉSERVE, SA RETENUE *lui* A MÉRITÉ *des éloges.*
    - 2° S'ils sont placés par gradation : UN JOUR, *une* HEURE, UN MOMENT A SUFFI *pour le perdre.*
    - 3° S'ils sont réunis par une expression qui les résume, comme tout, rien, personne : *femmes, enfants, vieillards*, PERSONNE N'ÉCHAPPA *au carnage.*
    - 4° S'ils sont liés par la conjonction **ou**, cette conjonction donnant l'exclusion à l'un des sujets : *votre* FRÈRE OU *votre* SŒUR *me* RENDRA *ce service.*
    - **Pluriel avec OU :**
      - 1° Lorsque cette conjonction ne donne pas l'exclusion au premier sujet : *la* PEUR OU LA MISÈRE ONT FAIT *commettre bien des fautes.* Dans ce cas la proposition exprime un fait général.
      - 2° Lorsque les sujets sont de différentes personnes : VOTRE *frère* OU MOI FERONS *ce voyage.*
  - **Accord avec la première partie.**
    - Le verbe s'accorde généralement avec la première partie du sujet, lorsque les mots qui le composent sont liés par une des conjonctions *comme, de même que, ainsi que, aussi bien que, autant que, non moins que, non plus que, plutôt que, moins que, avec* : L'ENFER *comme le ciel*, PROUVE *un Dieu juste et bon* ; *la* MÈRE, *avec son enfant dans ses bras*, SE PRÉSENTA *devant les juges.*
  - **Sujets liés par NI. . .**
    - Lorsque les sujets sont liés par la conjonction **ni**, le verbe se met au pluriel : *ni mon* FRÈRE NI MA SŒUR *ne* SONT VENUS ; NI L'UN NI L'AUTRE *ne* PARTIRONT. Mais le verbe reste au singulier quand un seul des sujets peut faire l'action qu'il exprime : *ni l'une ni l'autre* N'EST *ma mère* ; *ni mon frère ni votre cousin* N'OBTIENDRA *la présidence.*
- **COLLECTIFS employés comme sujets.**
  - **Collectif général.** Lorsque le verbe a pour sujet un collectif général, il s'accorde avec ce collectif : *la* FOULE *des curieux* S'EST PORTÉE *sur ce point* ; *la* MULTITUDE *des pauvres de cette ville* EST EFFRAYANTE.
  - **Collectif partitif.** Lorsque le verbe a pour sujet un collectif partitif, il s'accorde, non avec le collectif, mais avec le mot qui suit : *une foule de* MÉCONTENTS *se* RÉPANDIRENT *dans les rues.*
  - **La plupart et les adverbes de quantité** demandent le verbe au pluriel, parce qu'ils sont considérés comme des collectifs partitifs : BEAUCOUP *de* PERSONNES VOUDRAIENT *savoir, mais* PEU DÉSIRENT *apprendre.*
  - La plupart, pris absolument, veut le verbe au pluriel : *la* PLUPART CROIENT *que le bonheur est dans la richesse.*
  - **Plus d'un**, employé comme sujet, demande le verbe au singulier : PLUS D'UNE *personne le* CROIT. Cependant si la phrase présente une idée de réciprocité, le verbe se met au pluriel : PLUS D'UN *fripon se* DUPENT *l'un l'autre.*
- **QUI employé comme sujet. . . .**
  - Lorsque le verbe a pour sujet le pronom relatif **qui**, il s'accorde avec ce pronom qui est toujours de **même** nombre et de même personne que son antécédent ; on dit : MOI QUI SUIS *estimé* ; TOI QUI AS *tort* ; L'HOMME QUI TRAVAILLE ; *les* HOMMES QUI ÉTUDIENT ; *c'est* NOUS QUI VOULONS.
  - Un adjectif ne peut servir d'antécédent que lorsqu'il est précédé d'un article ou d'un adjectif déterminatif : *nous sommes* LES SEULS QUI AIENT FAIT *cela* ; *vous êtes* LES PREMIERS QUI SOIENT *exaucés.*
- **CE employé comme sujet. . . .**
  - **Le verbe être précédé de ce se met au pluriel** quand il est suivi d'un nom pluriel ou d'un pronom de la troisième personne du pluriel : CE SONT DES OISEAUX *étrangers* ; CE SONT EUX, CE SONT ELLES ; CE FURENT LES FRANÇAIS. Cependant on dit quelquefois au singulier : *quand* CE SERAIT LES ROMAINS ; C'EST EUX *qu'il faut croire.*
  - **Le verbe être précédé de ce se met au singulier**, quand il est suivi :
    - 1° des pronoms **nous** et **vous** : C'EST NOUS *qui souffrons* ; C'EST VOUS *qui voulez.*
    - 2° de plusieurs noms singuliers : C'EST L'AVARICE *et* L'AMBITION *qui l'ont perdu.*
    - 3° d'un complément indirect : C'EST DES PAYS *chauds que nous viennent les parfums.*
    - 4° dans **fût-ce** : FUT-CE *vos propres biens qu'il fallût sacrifier.*
    - 5° dans l'expression **si ce n'est** : SI CE N'EST *eux, qui donc l'a entrepris ?*
- **INFINITIFS employés comme sujet.**
  - Quand un verbe a pour sujets plusieurs infinitifs, il se met au pluriel : INSTRUIRE, PERSUADER *et* ÉMOUVOIR SONT *la tâche de l'éloquence* ; PROMETTRE *et* TENIR *sont deux.*
  - Cependant on peut dire en mettant le pronom **ce** devant le verbe **être** : BOIRE, MANGER, DORMIR, C'EST *leur unique occupation.*

[illegible], typ. [illegible].

ORTHOGRAPHE RAISONNÉE DU PARTICIPE PRÉSENT ET DU PARTICIPE PASSÉ.

EMPLOI DES MAJUSCULES, DES ACCENTS ET DES SIGNES ORTHOGRAPHIQUES.

PARTICIPE.

PARTICIPE PRÉSENT.

LE PARTICIPE PRÉSENT EST TOUJOURS INVARIABLE, il est terminé par ANT : *un père* AIMANT *ses enfants*; *une dame* LISANT *des livres*; *des hommes* TRAVAILLANT, S'OCCUPANT *sans cesse*.

Il ne faut pas le confondre avec l'ADJECTIF VERBAL, qui a la même terminaison. L'adjectif verbal, ainsi nommé parce qu'il vient d'un verbe, s'accorde en genre et en nombre avec le substantif qu'il qualifie, tandis que le participe présent reste toujours invariable. Ce qui les distingue, c'est que le participe présent marque l'action, et l'adjectif verbal, l'état, la situation, la manière d'être des personnes ou des choses dont on parle. Le premier peut se remplacer par un temps du verbe auquel il appartient, et le second peut se faire précéder d'un temps du verbe ÊTRE.

Participes présents.	Adjectifs verbaux.
Des enfants AIMANT l'étude, c'est-à-dire qui aiment l'étude.	Des enfants doux et AIMANTS, c'est-à-dire qui sont doux et aimants.
Des hommes OBÉISSANT à la loi, c'est-à-dire qui obéissent, etc.	Des sujets obéissants, c'est-à-dire qui sont obéissants.
Des chevaux COURANT à toutes brides, c'est-à-dire qui courent, etc.	Une eau COURANTE et limpide, c'est-à-dire qui est courante, etc.
Des dépenses EXCÉDANT les recettes, c'est-à-dire qui excèdent, etc.	Voici les sommes excédentes, c'est-à-dire qui sont excédentes, etc.

PARTICIPE PASSÉ.

1° Le PARTICIPE PASSÉ SANS AUXILIAIRE est un véritable adjectif, qui s'accorde en genre et en nombre avec le substantif qu'il qualifie : *des enfants* AIMÉS, CHÉRIS, INSTRUITS; *des pommes* GATÉES; *des livres* LUS; *des portes* OUVERTES.

2° Le PARTICIPE PASSÉ PRÉCÉDÉ DE L'AUXILIAIRE ÊTRE s'accorde en genre et en nombre avec son *sujet*, quelle qu'en soit la place : *ces fleuves sont* TARIS; *la vertu est* ESTIMÉE; *les crimes seront* PUNIS; *ma sœur a été* BLAMÉE.

3° Le PARTICIPE PASSÉ PRÉCÉDÉ DE L'AUXILIAIRE AVOIR s'accorde avec son *complément direct*, si ce complément le précède : *les livres* QUE *j'ai* LUS; *la pomme* QUE *j'ai* MANGÉE; *les fruits* QUE *j'ai* CUEILLIS; *ces dames, je les ai* VUES.

Il reste invariable dans deux cas.

1° Si son complément direct est après lui : *j'ai* LU *des livres*; *nous avons* CUEILLI *des fleurs*.

2° S'il n'a point de complément direct : *nous avons* LU; *vous avez* DORMI; *les jours que nous avons* LANGUI *dans la misère*.

4° Le PARTICIPE PASSÉ PRÉCÉDÉ DU VERBE ÊTRE, MIS POUR AVOIR, s'accorde avec son *complément direct*, s'il en est précédé, et non avec son sujet. Ce n'est que dans les verbes pronominaux que cet auxiliaire est ainsi employé : *nous nous sommes* FLATTÉS, pour *nous avons flatté nous*; *mes sœurs se sont* PROMENÉES; *elles se sont* ÉCRIT *une lettre*; *ils se sont* ADRESSÉ *des reproches*.

Dans les verbes essentiellement pronominaux, le second pronom est toujours complément direct, excepté dans le verbe s'arroger : *ils se sont* ARROGÉ *des droits*.

Remarques sur le Participe passé.

LE PARTICIPE PASSÉ :

1° D'UN VERBE NEUTRE et celui D'UN VERBE IMPERSONNEL, sont toujours *invariables*, parce qu'ils ne sauraient avoir de complément direct : *ils ont* VOYAGÉ *longtemps*; *il a* TONNÉ; *les chaleurs qu'il a* FAIT *cette année*.

2° AYANT POUR COMPLÉMENT DIRECT L' MIS POUR UN MEMBRE DE PHRASE, reste *invariable*, car un membre de phrase ne peut avoir ni genre ni nombre : *cette demoiselle est moins instruite que je ne l'avais* CRU, *que je ne me l'étais* FIGURÉ; c'est-à-dire, *que je n'avais cru, que je ne m'étais figuré qu'elle était instruite*.

3° SUIVI D'UN VERBE A L'INFINITIF, s'accorde avec son complément direct s'il en est précédé, et reste invariable s'il a pour complément direct l'infinitif qui suit. Il importe de bien appliquer au participe passé le complément direct qui lui appartient : *la personne* QUE *j'ai* ENTENDUE *chanter*, signifie *j'ai entendu la personne qui faisait l'action de chanter*, alors *entendu* s'accorde avec son complément direct *que* mis pour *la personne*; *la romance que j'ai* ENTENDU CHANTER, signifie *j'ai entendu chanter la romance*, alors *entendu* reste invariable parce que son complément direct est l'infinitif *chanter*.

4° FAIT SUIVI D'UN INFINITIF est toujours *invariable*, parce qu'il forme avec cet infinitif une espèce de verbe composé : *je les ai* FAIT *rire*; *nous les avons* FAIT *pleurer*.

5° SUIVI D'UN VERBE A L'INFINITIF PRÉCÉDÉ DE LA PRÉPOSITION A, s'accorde avec le complément direct qui le précède : *voilà les devoirs qu'il a* EUS *à faire*; *les questions* QUE *je lui ai* DONNÉES *à résoudre*.

6° AYANT POUR COMPLÉMENT LE PRONOM EN, ne peut jamais s'accorder avec ce pronom, qui n'est qu'un complément indirect : *voilà des fruits, j'en ai* CUEILLI *et j'en ai* MANGÉ.

7° PU, DU, VOULU, sont invariables, parce qu'ils ont pour complément direct un infinitif sous-entendu : *nous leur avons rendu tous les services que nous avons* PU, *ou* DU, *ou* VOULU; sous-entendu *leur rendre*. Cependant on dit avec accord : *j'ai payé toutes les sommes que j'ai* DUES *jusqu'à présent*; parce que son complément direct n'est point un infinitif sous-entendu, mais *que* mis pour *sommes*.

8° AYANT LE PEU POUR COMPLÉMENT DIRECT :
- Si le peu signifie une petite quantité ou une quantité suffisante des choses dont on parle, le participe s'accorde avec le mot qui suit le peu : *le peu de* LIVRES *que vous avez* ACHETÉS; *le peu de* COMPLAISANCE *que vous avez eue pour votre mère, lui a fait plaisir*.
- Si le peu signifie le manque, le défaut de la chose, le participe reste invariable : *le* PEU *de complaisance que vous avez* EU *pour votre mère, l'a affligée*, c'est-à-dire *le manque de*, etc.

9° COUTÉ, VALU. D'après l'Académie, *coûté* étant le participe d'un verbe neutre, doit être invariable. D'après les grammairiens, ils sont variables l'un et l'autre, lorsqu'ils peuvent être remplacés par un verbe actif : *les* PEINES *que cet enfant m'a* COUTÉES, c'est-à-dire *causées*; *les* HONNEURS *que sa conduite lui a* VALUS, c'est-à-dire *procurés*.

L'Adverbe, la Préposition, la Conjonction et l'Interjection ne renfermant que des mots invariables, ne peuvent être soumis à aucune règle d'accord.

Des MAJUSCULES, des ACCENTS et des SIGNES Orthographiques.

MAJUSCULES.

On commence par une majuscule ou grande lettre :

1° Le premier mot d'une PHRASE, d'un VERS, d'un ALINÉA.

2° Les NOMS PROPRES de personnes ou de choses : *Athènes*, *Rome*, *Paris*, *Cicéron*, *Napoléon*, les *Pyrénées*, etc.

3° Les NOMS et les ADJECTIFS composant un nom propre : *Pays-Bas*, *Louis-le-Grand*, *États-Unis*, etc.

4° Les NOMS DE CHOSES PERSONNIFIÉES : les meilleures compagnes de l'homme sont la *Foi*, l'*Espérance* et la *Charité*.

5° Les NOMS DE LA DIVINITÉ : *Dieu*, *le Créateur*, *le Tout-Puissant*, *le Très-Haut*, *l'Éternel*, *la Providence*, etc.

6° Les mots *Midi*, *Nord*, *Orient*, *Occident*, etc., non pas quand ils sont pris comme points cardinaux, mais quand ils sont employés comme noms propres : *la mer du Nord*, *l'Amérique du Sud*; *de l'Occident la barbarie s'est réfug… en Orient*.

7° Les noms de SOCIÉTÉS, DE CORPORATIONS, DE SECTES : *le Parlement*, *les Protestants et les Catholiques*.

8° Les TITRES D'OUVRAGES : *l'Imitation de Jésus-Christ*, *la Grammaire selon l'Académie*.

10° Les noms de FÊTES : *Noel*, *Pâques*, *l'Ascension*.

ACCENTS. Il y en a de 3 sortes :

L'ACCENT AIGU (´), qui se met sur tous les É FERMÉS, quelle qu'en soit la place : *bonté*, *café*, *vérité*, *répété*. Exce… lorsque cet E final est précédé des lettres D, R, Z : *pied*, *nez*, *parler*, *frappez*, *je m'assieds*.

L'ACCENT GRAVE (`), qui se place :

1° sur les E OUVERTS : *procès*, *succès*. Cependant l'E ouvert ne prend jamais l'accent grave dans trois cas : 1° s'il est suivi d'un T final : *projet*, *apprêt*, *regret*, *discret*. 2° s'il est suivi d'une double lettre ou d'un X : *nouvelle*, *deux*, *complexe*. 3° dans les mots terminés en ÈGE, où l'E est surmonté d'un accent aigu : *collège*, *je protège*.

2° Sur *à* et *dès*, préposition, et sur *où* et *là*, adverbes.

3° Sur *çà*, *déjà*, *voilà*, *deçà*, *de là*, *çà et là*, *par là*, *holà*.

L'ACCENT CIRCONFLEXE (^), qui se met sur la plupart des voyelles longues : *pâtre*, *côte*, *tête*, etc.

On l'emploie aussi :
- 1° sur la lettre I des verbes en AITRE, à l'infinitif, seulement lorsque l'I est suivi d'un T : *connaît*, *il naîtra*.
- 2° sur les adjectifs en ÊME, comme *blême*, *suprême*. Excepté dans les adjectifs de nombre ordinaux : *deuxième*, *troisième*, etc.
- 3° sur les adjectifs *mûr* et *sûr*. *Sur*, signifiant *aigre*, ne prend pas l'accent.
- 4° sur les participes passés *dû*, *redû*, *mû* et *crû* du verbe croître, lorsqu'ils sont au singulier.

APOSTROPHE.

L'APOSTROPHE (') est un petit signe qui indique la suppression d'une des lettres A, E, I, devant un mot qui commence par une voyelle.

1° On retranche l'A dans l'article et le pronom LA, devant un mot qui commence par une voyelle ou une H muette : *l'âme*, *l'histoire*, *je l'entends*, au lieu de LA *âme*, LA *histoire*, *je* LA *entends*.

2° On retranche l'I dans SI, devant IL, ILS : *s'il vient*, *s'ils appellent*, et non *si il vient*, etc.

3° On retranche l'E :
- 1° dans l'article et le pronom LE, si le mot qui le suit commence par une voyelle ou une H muette : *l'enfant*, *l'homme*, etc.
- 2° dans LORSQUE, PUISQUE, QUOIQUE, devant *il*, *elle*, *on*, *un*, *une* : *lorsqu'il chante*, *puisqu'elle vie…*
- 3° dans ENTRE, lorsqu'il s'unit avec le mot qui suit d'une manière inséparable : *entr'acte*, *entr'ai…*
- 4° dans PRESQUE, seulement dans le mot *presqu'île*.
- 5° dans QUELQUE, seulement devant *un*, *une* : *quelqu'un*, *quelqu'une*.
- 6° dans GRANDE, formant les mots suivants : *grand'mère*, *grand'tante*, *grand'chambre*, *gran… salle*, *grand'chose*, *grand'chère*, *grand'croix*, *grand'peine*, *grand'peur*, *grand'rou… grand'pitié*, *grand'messe*, etc.

CÉDILLE.

La CÉDILLE (¸) est un petit signe qui se met sous le Ç, pour lui donner le son de l'S devant les voyelles A, O, U : *façade*, *reç…*

TRÉMA.

Le TRÉMA (¨) est un double point qui se met sur les voyelles E, I, U, pour les faire prononcer séparément de celle qui précède : *naïf*, *Saül*, *ciguë*, *poëme*, *païen*, etc.

TRAIT-D'UNION.

Le TRAIT-D'UNION (-) est un signe qui sert à unir les différentes parties d'un mot ; on l'emploie :

1° Entre les parties d'un NOM PROPRE : *Chalon-sur-Saône*, *Boulogne-sur-Mer*, *Michel-Ange*.

2° Entre le VERBE et le PRONOM qui lui sert de sujet ou de complément, lorsque ce pronom est après le verbe : *viens-tu*, *répond-il*, *approche-toi*, *rends-le-moi*, *donnez-les-lui*.

3° Entre les parties des NOMS et des ADJECTIFS composés : *chef-d'œuvre*, *arc-en-ciel*, *ivre-mort*, *nouveau-né*.

4° Avant et après le T EUPHONIQUE : *a-t-il de la fortune?* *a-t-elle des enfants?* Mais il ne faut pas confondre le T euphonique avec le T pronom, qui s'écrit T' : *accepte-t'en*, *approche-t'en*.

5° Entre les particules CI et LÀ et les mots qu'elles précèdent ou qu'elles suivent : *celui-ci*, *cette ci*, *ci-dessus*, *là-dessus*.

6° Entre le mot TRÈS et l'ADJECTIF ou l'ADVERBE qui suit : *très-bon*, *très-adroitement*.

7° Entre MÊME et le PRONOM qui précède : *nous-mêmes*, *lui-même*, etc.

8° Entre les ADJECTIFS NUMÉRAUX au-dessous de cent : *quatre-vingt-quatre millions*, *deux cent soixante-dix-sept mille*.

9° Entre les parties de certaines locutions : *c'est-à-dire*, *sur-le-champ*, *après-demain*, *au dessus*, etc. On écrit sans trait-d'union : *longtemps*, *tour à tour*, *tout à fait*, *tout à coup*, etc.

PARENTHÈSE.

La PARENTHÈSE () est un signe qui sert à renfermer quelques mots, une note, formant un sens distinct de la période où elle est insérée : *je ne crois (et j'en frémis encore), le vaisseau s'entrouvrit et disparut à tout jamais*.

EMPLOI DU SUBSTANTIF, DE L'ARTICLE ET DE L'ADJECTIF.

On entend par **Construction** l'arrangement des mots dans le discours. Elle est **grammaticale** ou **figurée** : **grammaticale**, lorsque les mots y sont placés successivement, suivant l'ordre qu'exige l'analyse de la pensée qu'on veut exprimer ; **figurée**, lorsque les mots s'écartent de la construction grammaticale d'une manière quelconque. Cette construction est appelée figurée, parce qu'elle dépend de l'ellipse, du pléonasme, de la syllepse et de l'inversion, figures auxquelles elle se rapporte. — La **Concordance** a fixé les inflexions ou terminaisons sous lesquelles les mots doivent paraître dans une phrase, la **Construction** en fait connaître l'emploi et la place qu'ils doivent y occuper.

SUBSTANTIF.

On l'emploie comme

- SUJET : Ce *général* a remporté une grande victoire.
- COMPLÉMENT :
  - COMPLÉMENT DIRECT : Il a planté un *arbre* ; il frappe son *frère*.
  - COMPLÉMENT INDIRECT : il parle au *capitaine* ; il revient *de la campagne*.
  - COMPLÉMENT D'UN AUTRE MOT : la bonté *de Dieu* ; le livre *de la sagesse*.
- ATTRIBUT : C'était un honnête *homme* ; c'est un *cheval* ; sa patience est une *vertu*.
- APOSTROPHE : Écoutez-moi, *ô mon père* ! *Bon Dieu*, exaucez nos prières.
- SA PLACE :
  - Comme sujet, il se met avant le verbe ;
  - Comme complément, il se met après ;
  - Comme apostrophe, il se met soit avant, soit *après*.
  - Cependant par inversion, le substantif employé comme sujet ou complément, peut se mettre après le verbe : *les fruits qu'ont apportés* CES HOMMES, *ne sont pas mûrs*.

ARTICLE.

On l'emploie :

1° DEVANT LES NOMS PRIS DANS UN SENS DÉTERMINÉ, c'est-à-dire qui désignent un genre, une espèce de personnes ou de choses, ou un individu :

GENRE : LES HOMMES *sont mortels* ; LES VÉGÉTAUX *sont l'ornement de la nature*.
ESPÈCE : LES HOMMES INSTRUITS *sont rares* ; LES ENFANTS MÉCHANTS *sont punis*.
INDIVIDU : L'HOMME *que vous avez vu est bon* ; LA MAISON *que vous habitez est belle*.

Mais on dira sans article : *des rideaux de* FENÊTRE ; *un chien de* BERGER ; *de l'eau de* SOURCE ; parce que les mots FENÊTRE, BERGER et SOURCE, ne sont pas pris dans un sens déterminé.

2° DANS UNE PHRASE AFFIRMATIVE, devant un nom employé comme complément d'un verbe actif : *il fait* DU BIEN ; *il boit* DE L'EAU ; *il vend des* VOILES.

Mais si la phrase est négative, on emploie simplement DE : *il n'a pas* DE PAIN, *il ne boit pas* DE VIN.

3° DEVANT UN NOM SUIVI D'UN ADJECTIF : *cet arbre a* DES RACINES *profondes* ; *cet enfant a* DES DEVOIRS *difficiles*.
Mais on emploie simplement DE si l'adjectif est avant le substantif : *cet arbre a* DE PROFONDES RACINES ; *il mange* DE SON PAIN ; *il possède* DE BELLES MAISONS.

4° DEVANT UN NOM PRÉCÉDÉ D'UN ADJECTIF, si le nom et l'adjectif sont liés par le sens d'une manière inséparable : *ce sont* DES PETITS MAÎTRES *et* DES PETITES MAÎTRESSES ; *ils ne disent que* DES BONS MOTS.

5° APRÈS LES ADVERBES DE QUANTITÉ ET LES COLLECTIFS.
- 1° Devant les noms qui sont compléments d'un adverbe de quantité, seulement lorsque ces noms sont déterminés par ce qui suit : *avez-vous* UN PEU OU BEAUCOUP DES LIVRES *que je vous ai prêtés* ?
  Mais on dira sans article : *avez-vous* peu *ou beaucoup de livres* ? *Peu de paroles* ; *assez de peine*.
- 2° Devant les noms qui sont compléments d'un collectif général : *la multiplicité* DES MAUX ; *le grand nombre* DES CRIMES ; *la foule* DES HUMAINS.
  Mais on n'emploie pas l'article devant les noms employés comme compléments d'un collectif partitif : *un grand nombre d'hommes* ; *une multitude de pauvres*.
- 3° Après la plupart, bien de : *la plupart* DES *hommes* ; *bien* DES *gens*. Cependant on dit *bien d'autres*.

6° AVANT PLUS, MIEUX, MOINS, suivi d'un adjectif, on emploie LE, LA, LES, toutes les fois que le sens de la phrase indique la comparaison : *de toutes ses sœurs elle était* LA PLUS *triste*, LA PLUS *affligée* ; *vos enfants sont* LES PLUS *instruits de toute la classe*.

Mais lorsque l'adjectif exprime une qualité portée au plus haut degré, sans comparaison, LE PLUS, LE MIEUX, LE MOINS restent invariables : *cette dame ne pleure pas lors même qu'elle est* LE PLUS *affligée*, c'est-à-dire *affligée au plus haut degré*.

REMARQUE. LE PLUS, LE MIEUX, LE MOINS, liés à un verbe ou à un adverbe, sont des locutions adverbiales toujours invariables : *c'est cette jeune personne qui court* LE MIEUX, *qui travaille* LE PLUS *habilement*.

On le répète :

1° AVANT CHAQUE NOM D'UNE MÊME PROPOSITION : LE *cœur*, L'*esprit*, LES *mœurs*, *tout gagne à la culture* ; LES *officiers et* LES *soldats* ; LES *pères et* LES *mères*. Cependant on peut dire avec l'Académie : *les officiers et soldats*, *les pères et mères*. Cette règle s'applique aussi aux adjectifs déterminatifs.

2° DEVANT CHAQUE ADJECTIF, LORSQUE CES ADJECTIFS NE QUALIFIENT PAS LE MÊME NOM : LE *jeune et* LE *vieux soldat* ; LA *bonne ou* LA *mauvaise fortune* ; L'*ancien et* LE *nouveau Testament*. Mais on dira sans répéter l'article : *le pieux et touchant Fénelon* ; *le jeune et brave capitaine*, parce que les deux adjectifs qualifient le même nom.

L'Académie autorise à dire : *les langues grecque et latine* ; *les autorités civiles et militaires*, quoique les deux adjectifs ne qualifient pas le même nom.

On le supprime :

1° DANS CERTAINES PHRASES PROVERBIALES : *pauvreté n'est pas vice* ; *honneur n'est pas bonheur*.
2° DANS LES ÉNUMÉRATIONS, pour rendre le style plus rapide : *hommes*, *femmes*, *enfants*, *tout périt*.
3° DANS QUELQUES LOCUTIONS : *avoir pitié* ; *prendre patience* ; *être sans argent et sans pain* ; *avoir faim*.

ADJECTIF.

Qualificatif.

1° SON RAPPORT. Tout adjectif, soit qualificatif, soit participe, doit toujours se rapporter à un substantif énoncé dans la phrase, et s'y rapporter sans équivoque : INSTRUITE *et* ÉCLAIRÉE, LA JEUNESSE *est l'espérance de la patrie*. Mais on ne dira pas : AIMANT *l'étude*, *votre père vous fournira les moyens de vous y livrer*, car on ne sait si *aimant* se rapporte à *vous* ou à *votre père*.

2° SON COMPLÉMENT. L'adjectif qualificatif a pour complément soit un nom, soit un verbe, précédé d'une préposition : *la campagne est* AGRÉABLE À VOIR *au printemps* ; *cette dame est* UTILE À SA FAMILLE *et* CHÉRIE DE TOUT LE MONDE.

3° SA PLACE. L'adjectif qualificatif se place soit avant, soit après le nom, suivant que l'oreille ou le goût l'exige : *un* GRAND *arbre* ; *un habit* BLEU ; *une* BELLE *musique*, *une musique* HARMONIEUSE.

Cependant quelques-uns changent de signification en changeant de place ; on dit :
Un homme pauvre, celui qui n'a point de fortune.
Un pauvre homme, celui qui manque d'esprit ou de cœur.
Un honnête homme, celui qui a de la probité.
Un homme honnête, celui qui est poli.

4° SA CONVENANCE. En général les adjectifs conviennent aux personnes et aux choses ; cependant quelques-uns ne s'appliquent qu'aux personnes, tels sont *consolable*, *inconsolable*, etc. ; d'autres ne conviennent qu'aux choses, tels sont *pardonnable*, *déplorable*, etc. Il faut donc bien se garder d'appliquer aux personnes les adjectifs qui ne conviennent qu'aux choses, et réciproquement.

5° SON CHANGEMENT EN SUBSTANTIF. Un adjectif est employé substantivement quand il désigne une personne ou une chose et non une qualité : *il faut préférer* L'AGRÉABLE *à* L'UTILE ; *il faut secourir les* MALHEUREUX. De même le substantif est employé adjectivement, lorsqu'il marque une qualité : *on est heureux quand on est* MÈRE, *et qu'on est adorée de ses enfants*.

Démonstratif. On dit :

- CE, devant un substantif masculin, qui commence par une consonne ou une h aspirée : CE *livre*, CE *héros*.
- CET, devant un substantif masculin, qui commence par une voyelle ou une h muette : CET *ordre*, CET *homme*.
- CETTE, devant un substantif féminin : CETTE *femme*, CETTE *maison*.
- CES, devant un substantif pluriel, masculin ou féminin : CES *hommes*, CES *femmes*.

Possessif.

ON L'EMPLOIE :
- 1° Quand on parle d'une partie du corps habituellement malade : *j'ai toujours mal à* MA *tête* ; *je souffre de* MON *bras*, *de* MA *jambe depuis dix ans*.
- 2° Lorsque le sens n'indique pas clairement quel est l'objet possesseur : MA *tête s'égare*, et non *la tête s'égare* ; *il perd tout* SON *sang*, et non *le sang*.
- 3° Devant un nom de choses inanimées.
  - 1° Lorsque le mot possesseur est employé dans la même proposition que l'adjectif possessif : *chaque homme a* SES *habitudes*, SES *goûts*, SES *plaisirs et* SES *peines*.
  - 2° Lorsque le nom est régi par une préposition : *cette maison est belle*, *j'admire l'élégance de* SA *façade*, *l'agrément de* SA *position*.

ON NE L'EMPLOIE PAS.
- 1° Quand on parle d'une partie du corps, et que le sens indique clairement quel est l'objet possesseur : *j'ai mal à la tête*, *à la jambe*, et non *à* MA *tête*, *à* MA *jambe* ; à moins, comme il est dit ci-dessus, qu'on ne parle d'une partie du corps habituellement malade.
- 2° Devant un nom de choses inanimées, lorsque le mot possesseur n'est pas employé dans la même proposition ; on fait alors usage de l'article et du pronom EN : *cette maison est vaste*, *j'*EN *admire* L'*élégance*, et non SON *élégance*, parce que le mot possesseur maison ne figure pas dans la proposition *j'admire son élégance*.

Numéral.

CARDINAL. Il s'emploie pour calculer. On dit à présent *vingt-un*, *trente-un*, jusqu'à quatre-vingts, sans se servir de la conjonction *et*.

ORDINAL.
On emploie les nombres CARDINAUX au lieu des ORDINAUX :
1° En parlant des heures et des années : *il est quatre heures* ; *l'an mil huit cent trente*.
2° En parlant de tous les jours du mois, à l'exception du premier : *le vingt*, *le trente de mars*.
3° En parlant des souverains et des princes : *Louis quatorze*, *Charles sept*.

Imp. L. B., rue [illegible]

Atlas Grammatical.
SYNTAXE-CONSTRUCTION.

EMPLOI DU PRONOM.

12e TABLEAU.
Emploi du Pronom.

PRONOM.

Pronom Personnel.

1° Le Pronom Personnel, employé comme SUJET ou COMPLÉMENT, se place ordinairement avant le verbe : JE *parle*, NOUS *marchons* ; VOUS *me frappez* ; ILS *leur parlent*. Mais on dit, en mettant le sujet après le verbe : *où suis*-JE? *dût*-ELLE *se fâcher* ; *dit*-IL, etc.

2° Lorsqu'un verbe à l'IMPÉRATIF a deux pronoms personnels pour COMPLÉMENTS, l'un direct, l'autre indirect ; le complément direct doit être placé le premier : *rendez*-LA-NOUS ; *donne*-LE-MOI.

3° Le pronom **y**, après un verbe à l'IMPÉRATIF, suivi d'un autre pronom employé comme complément direct, doit se placer avant ce pronom : *attendez-y-moi* ; *menez-y-nous*. On pourrait cependant dire : *attendez-m'y* ; *fiez-vous-y*. Mais il vaut mieux éviter l'impératif et prendre un autre tour, que d'employer ces expressions si contraires à l'harmonie de notre langue.

4° Le pronom **soi**
- appliqué aux personnes, ne peut se rapporter qu'à une expression indéterminée, c'est-à-dire à un pronom indéfini ou à un verbe à l'infinitif : *penser à* SOI ; *chacun ici ne songe qu'à* SOI.
- appliqué aux choses, ne peut se rapporter qu'à un nom singulier, parce qu'il est singulier de sa nature : *la vertu est aimable de* SOI ; *l'aimant attire le fer à* SOI.

5° Les pronoms **lui**, **eux**, **elle**, **elles**, **leur**, employés comme compléments indirects, ne se disent que des personnes et des choses personnifiées : *j'ai vu vos sœurs, je* LEUR *ai parlé* ; *cette maison est généreuse, les pauvres* LUI *doivent beaucoup*. Lorsqu'il s'agit de choses, on emploie les pronoms **en** et **y** : *ce cheval est dangereux, n'*EN *approchez pas* ; *ce mur n'est pas solide, ne vous* Y *fiez pas*.

6° Le pronom **le** est
- VARIABLE, quand il représente un substantif déterminé ou un adjectif pris substantivement : *ce* LIVRE *je vous* LE *prêterai* ; *cette* FEMME, *je la connais* ; *vos* ENFANTS *je* LES *ai vus* ; *êtes-vous* LA MALADE ? *je* LA *suis*.
- INVARIABLE, quand il représente un adjectif, un substantif pris adjectivement, un verbe ou une proposition : *ils ne sont pas* SAVANTS, *mais ils* LE *deviendront* ; *elles sont* MALADES, *et elles* LE *seront encore longtemps* ; *êtes-vous* MARIÉE ; *je* LE *suis*.

Pronom Possessif.

Le mien, **le tien**, **le nôtre**, etc., doivent toujours se rapporter à un mot déjà exprimé dans la phrase : *vous avez reçu* MA LETTRE, *et j'ai reçu* LA VÔTRE *le même jour*. Mais ne dites pas : *en réponse à la vôtre*, *à la sienne*, de telle date, car *vôtre* et *sienne* ne se rapportent à aucun mot exprimé.

Pron. Démonstratif.

1° Le pronom **ce** s'emploie :
- 1° dans le second membre d'une phrase, devant le verbe ÊTRE, si le premier membre commence par CE : CE *qui me fait plaisir*, C'EST *qu'il nous estime*.
- 2° entre un infinitif et un nom, si la première partie de la phrase a une certaine étendue : *chercher dans un bienfait un motif intéressé*, *c'est de l'ingratitude*.
- 3° entre deux infinitifs : *lui* DONNER *des conseils* ; *c'est* PERDRE *sa peine*. ; ÉTUDIER, *c'est* SAVOIR *jouir*.

2° **Ceci**, **celui-ci**, **celle-ci**, **ceux-ci**, **celles-ci**, s'emploient pour désigner les objets les plus proches de celui qui parle.
Cela, **celui-là**, **celle-là**, **ceux-là**, **celles-là**, s'emploient pour désigner les objets les plus éloignés : *pratiquez la vertu et fuyez la paresse* : CELLE-CI *(la paresse) rend malheureux*, CELLE-LA *(la vertu) mène au bonheur*. En grammaire, l'objet le plus proche est le dernier nommé.

Pronom Relatif.

1° **Sa place.** Le pronom relatif doit être placé près de son ANTÉCÉDENT, pour éviter une construction louche et équivoque ; au lieu de dire : *il y a un* AIR D'AFFECTATION *dans cet auteur* QUI *gâte ses écrits*, dites : *il y a dans cet auteur* UN AIR D'AFFECTATION *qui gâte ses écrits*.

2° **Qui précédé d'une préposition** ne se dit que des personnes : *la personne* A QUI *ou* DE QUI *je parle* ; en parlant des choses, il faut se servir des pronoms *duquel*, *de laquelle*, *auquel*, *à laquelle*, etc. : *la science à laquelle je m'applique*.

3° **Qui**, **que**, **dont**, se remplacent par *lequel*, *laquelle*, *duquel*, *à laquelle*, etc., pour éviter une équivoque : *la bonté de Dieu* QUI *a gravé dans nos cœurs l'amour de la vertu* ; dites : *laquelle a gravé*, etc.

4° **Dont** et **d'où**. Le pronom relatif DONT s'emploie pour établir simplement une relation avec ce qui précède ; il se met aussi avec l'idée d'être issu, d'être NÉ : *la famille* DONT *il est sorti* ; *la personne* DONT *je parle*. On emploie D'OÙ pour signifier une idée d'extraction ou de sortie : *le pays* D'OÙ *je viens* ; *la contrée* D'OÙ *l'on tire ce produit*.

5° **Son rapport.** Un pronom ne peut représenter qu'un substantif pris dans un sens déterminé, c'est-à-dire précédé d'un article ou d'un adjectif déterminatif ; ainsi on ne dira pas : *il demande* GRACE, *quoiqu'il ne* LA *mérite pas* ; *mais il demande* SA GRACE *quoiqu'il ne* LA *mérite pas*.

Pronom Indéfini.

1° **On.** Le pronom **on**, masculin, singulier de sa nature, devient féminin lorsqu'il se rapporte d'une manière évidente à une femme, et pluriel s'il désigne plusieurs personnes : ON *n'est pas toujours jeune et* BELLE ; ON *est heureux quand on est bien* UNIS. Dans ces cas l'adjectif qui se rapporte à ON, se met au féminin ou au pluriel.

2° **Quiconque** suit la même règle que le pronom **on**, quant au genre : *quiconque de vous*, *Mesdames*, *sera assez* HARDIE.

3° **Personne**
- **Substantif féminin**, lorsqu'il est précédé d'un article ou d'un adjectif déterminatif : *c'est* LA PERSONNE *la plus recherchée*, *la plus instruite*.
- **Pronom indéfini**, lorsqu'il signifie *nul*, *qui que ce soit* ; alors il est employé sans article et reste masculin : PERSONNE *n'est* VENU ; PERSONNE *n'est parfaitement* HEUREUX.

4° **Chacun** précédé d'un pluriel :
- 1° prend après lui **son**, **sa**, **ses**, lorsqu'il est placé après le complément direct du verbe : *mettez ces livres*, CHACUN A SA *place*.
- 2° prend après lui **leur**, **leurs**, lorsqu'il est placé entre le verbe et son complément direct : *ils ont apporté* CHACUN LEUR *offrande*.
- 3° prend indifféremment **son**, **sa**, **ses** ou **leur**, **leurs**, lorsque le verbe dont il est précédé n'a pas de complément direct : *ils s'en allèrent chacun de* SON CÔTÉ, *chacun dans* LEUR *demeure*.

5° **Aucun**, **nul**, **tel**, **plusieurs**, sont pronoms indéfinis lorsqu'ils ne sont pas suivis d'un nom : AUCUN *n'est instruit de cette affaire* ; NUL *n'est venu*.

6° **L'un et l'autre** marque simplement la pluralité : *ils sont partis* L'UN ET L'AUTRE.
L'un l'autre marque la réciprocité *ils se louent* L'UN L'AUTRE.
Lorsqu'il s'agit de plus de deux personnes ou de deux choses, on dit : *les uns et les autres*, *les uns les autres*, etc.

7° **Les uns**, **les autres** ou **d'autres**. Lorsque les objets représentés par ces pronoms sont divisés seulement en deux parties, il faut dire *les uns* pour la première partie, *les autres* pour la seconde : LES UNS *étudiaient*, LES AUTRES *s'amusaient*. Mais s'ils sont divisés en plus de deux parties, la première est représentée par *les uns*, et toutes les autres par *d'autres* : LES UNS *allaient devant eux*, D'AUTRES *à droite*, D'AUTRES *à gauche*.

Chaix et C., typ. Bertrand.

EMPLOI DU VERBE.

VERBE.

Emploi des Compléments.

1° Un verbe ne peut avoir deux compléments indirects pour exprimer le même rapport. On ne dira donc pas : *c'est de vous dont je parle*, *c'est à vous à qui je m'adresse*, mais *c'est de vous que je parle*; *c'est à vous que je m'adresse*.

2° Lorsque deux verbes ne veulent pas le *même complément*, il faut donner à chacun celui qui lui convient; ainsi, au lieu de dire : *il attaqua et s'empara de la ville*, dites : *il attaqua la ville et s'en empara*. Il en est de même lorsque deux verbes exigent deux compléments indirects marqués par des prépositions différentes; on dira : *ce courrier va à Lyon et en revient en trois jours*, *et non va et revient de Lyon*. Cette règle s'applique également aux adjectifs et aux prépositions.

3° **Leur place**. Lorsqu'un verbe a un *complément direct* et un *complément indirect*, le plus court se place le premier : *donnez ces fruits à ces pauvres enfants*; *Dieu a renversé de leurs trônes les princes qui ont méprisé ses lois*. Mais s'ils sont d'égale longueur, c'est le complément direct qui se place le premier : *l'ambition sacrifie le présent à l'avenir*.

4° Il faut éviter de placer les compléments d'une manière équivoque; ainsi, au lieu de dire : *les maîtres qui grondent ceux qui les servent avec emportement, sont les plus mal servis*; dites : *les maîtres qui grondent avec emportement*, etc.

5° Les conjonctions et, ni, ou, ne peuvent unir que des compléments de même espèce; ainsi, au lieu de dire : *il aime le jeu et à étudier*, il faut dire : *il aime le jeu et l'étude*, ou *il aime à jouer et à étudier*.

Emploi des Auxiliaires.

Avoir : marquant l'action, il sert à conjuguer, 1° les verbes **actifs** : *j'ai frappé mon frère*; *nous avons bâti une maison*; *ils ont écrit une lettre*; 2° les verbes **neutres** marquant l'action : *j'ai marché*, *nous avons voyagé*.

Être marquant l'état, il sert à conjuguer :
- 1° les verbes **passifs** : *je suis frappé*; *nous sommes étonnés*.
- 2° Les verbes **pronominaux**, bien que ces verbes marquent l'action; une raison d'euphonie l'a fait préférer au verbe **avoir** : *nous nous sommes battus*; *vous vous êtes repentis*.
- 3° Les verbes **neutres** suivants : *aller*, *arriver*, *décéder*, *éclore*, *entrer*, *mourir*, *naître*, *venir*, *intervenir*, *parvenir* et *revenir*.

Avoir ou **Être** :
- 1° Quelques verbes neutres, suivant qu'ils expriment l'état ou l'action; ce sont : *cesser*, *croître*, *décroître*, *déchoir*, *dégénérer*, *descendre*, *échoir*, *empirer*, *expirer*, *partir*, *passer*, *sortir*, *tomber*, *vieillir*.
- 2° *Accourir*, *apparaître*, *résulter*, prennent indifféremment **avoir** ou **être**.
- 3° *Convenir*, *demeurer*, *échapper*, *rester*, ont une signification qui varie selon l'auxiliaire qui les accompagne. (Voir les exercices.)

Emploi des temps de l'indicatif et du condit.

1° Le **Présent** à la place du **passé** s'emploie pour rendre la narration plus vive et plus animée : *attaqué à l'improviste*, *il ne se déconcerte point*, *accepte le combat et culbute son ennemi*. Mais il faut que tous les verbes qui sont en rapport soient au présent.

2° Le **Présent** et non l'**Imparfait** s'emploie lorsqu'on exprime une sentence, une maxime, une vérité, sans considération d'époque : *je vous ai toujours dit que la sagesse vaut mieux que l'éloquence*; ou un fait qui existe au moment où l'on parle : *je viens vous voir parce que j'ai appris que vous êtes malade*.

3° L'**Imparfait** exprime un fait accompli au moment où l'on parle : *le conseil d'état a jugé qu'il y avait abus*.

4° Le **Passé défini** exprime un temps complètement écoulé : *je reçus sa lettre hier*, *la semaine dernière*.

Le **Passé indéfini** exprime un temps complètement ou non complètement écoulé. On peut dire : *je l'ai vu hier ou ce matin*; *j'ai reçu sa lettre cette semaine*; mais on ne pourrait pas dire : *je reçus sa lettre cette semaine*, le temps n'étant point écoulé.

5° Le **Conditionnel** ne peut s'employer pour le **futur**; dites : *j'ai appris que vous partirez bientôt*, *et non que vous partiriez*.

Emploi du Subjonctif.

1° Après les verbes qui marquent *le doute*, *la crainte*, *le commandement*, *le souhait*, *la permission*, *la volonté*, *le désir*, *la nécessité*, *l'incertitude*, *l'indécision*, *la supposition* : *je doute qu'il vienne*.

2° Après *un verbe accompagné d'une négation ou marquant l'interrogation*, à moins que l'interrogation ne soit un tour oratoire à l'aide duquel on affirme avec plus de force : *pensez-vous que le criminel dort avec tranquillité ?*

3° Après *quelque... que*, *quelque*, *quoique*, *afin que*, *à moins que*, *de peur que et d'autres locutions conjonctives* :

4° Après la conjonction *que*, employée pour *afin que*, *avant que*, *s'il arrive que*, etc.

5° Après *un verbe impersonnel*; cependant après *il est sûr*, *il y a*, *il paraît*, *il résulte*, *il semble*, *accompagné d'un complément indirect de personne*, on emploie *l'indicatif*.

6° Après *un pronom relatif ou l'adverbe* **où** quand l'un ou l'autre est précédé de *le peu*, *le seul*, *le plus*, *le moins*, *le mieux*, *le meilleur*, *le pire*, à moins qu'on ne présente l'action comme incontestable.

Emploi des temps du Subjonctif.

1° Après **le Présent ou le futur de l'indicatif**, on emploie **le Présent ou le Passé du Subjonctif** : (Le temps d'un verbe au subjonctif dépend toujours du temps du verbe qui précède, et auquel il se rapporte.)

Le **Présent**, si l'on veut exprimer un temps présent ou futur : *je doute*, / *je douterai*, — *qu'il vienne aujourd'hui*; / *qu'il reçoive votre lettre demain*.

Le **Passé**, si l'on veut exprimer un temps passé : *je doute*, / *je douterai*, — *qu'il soit venu hier*; / *qu'il ait reçu cette lettre la semaine passée*.

2° Après **le Présent ou le futur de l'indicatif**, on emploie **l'Imparfait ou le plus que parfait du subjonctif** :

L'**Imparfait** dans deux cas :
- 1° S'il y a dans la phrase une expression conditionnelle formée par un imparfait : *je doute qu'il réussît, si on ne l'y forçait*.
- 2° Quand le second verbe, indiquant un temps passé, présente l'action dans le moment même où elle avait lieu : *je ne crois pas qu'alors il fût général*.

Le **plus que parfait**, si le second verbe marque un temps passé, et qu'il y ait dans la phrase une expression conditionnelle : *je ne pense point qu'ils eussent obtenu cette faveur, si vous ne les eussiez protégés*.

3° Après **l'Imparfait**, **les Passés**, **le Plus que parfait et les Conditionnels**, on emploie **l'Imparfait ou le Plus que parfait du subjonctif** :

L'**Imparfait**, si l'on veut exprimer un temps présent ou futur : *je doutais*, / *j'ai douté*, / *je douterais*, — *qu'il commandât*; / *qu'il voulût venir*.

Le **Plus que parfait**, si l'on veut exprimer un temps passé : *j'avais désiré*, / *j'aurais désiré*, — *qu'il fût parti*; / *qu'il nous eût demandés*.

4° Cependant on met le second verbe au **Présent du subjonctif**, quand il exprime une action qui se fait ou peut se faire dans tous les temps : *Dieu a voulu que les hommes connaissent le bien et le mal*.

Emploi de l'Infinitif.

L'**Infinitif** s'emploie comme **sujet** ou comme **complément**.

1° Comme **sujet**, **l'infinitif** se place devant le verbe : *manger sans discrétion*, *boire avec intempérance*, *détruisent la santé*.

2° Comme **complément**, il doit toujours se rapporter sans équivoque à un mot employé dans la phrase; au lieu de dire : *nous devons instruire les enfants pour être utiles à leurs parents*, dites *pour qu'ils soient utiles à leurs parents*, car dans le premier cas le verbe être est employé d'une manière équivoque.

Chalon s. s., typ. Roualet.

Atlas Grammatical.
SYNTAXE-CONSTRUCTION.

14e TABLEAU.
Participe et parties invariables.

EMPLOI
DU PARTICIPE, DE L'ADVERBE, DE LA PRÉPOSITION, DE LA CONJONCTION ET DE L'INTERJECTION.

PARTICIPE

Présent. Le PARTICIPE PRÉSENT doit toujours se rapporter sans équivoque à un mot exprimé dans la phrase, ainsi on ne dira pas : AIMANT *l'étude, votre père vous fournira les moyens de vous y livrer*, parce qu'on ne sait si *aimant* se rapporte à votre *père* ou à *vous*. Il faudrait dire : *comme vous aimez l'étude, votre père*, etc.

Passé. Le PARTICIPE PASSÉ s'emploie avec ou sans auxiliaire. Employé sans auxiliaire, il forme un adjectif verbal qui suit les mêmes règles que l'adjectif. Employé avec un auxiliaire, il sert à *former* les temps composés des verbes, et suit les mêmes règles que le verbe.

ADVERBE.

Emploi de l'Adverbe.

1° L'ADVERBE s'emploie d'une manière absolue, c'est-à-dire qu'il ne veut point de complément après lui.
Ainsi on ne dira pas : *dessous la table*, mais *sous la table*.
dedans la maison, » *dans la maison*.
alentour de la ville, » *autour de la ville*.
auparavant la faire, » *avant la faire*.

2° DAVANTAGE ne s'emploie ni pour PLUS ni pour LE PLUS. On ne dira pas : *mon frère a* DAVANTAGE *d'esprit que vous ; c'est lui qui en a* DAVANTAGE ; on doit dire : *mon frère a* PLUS *d'esprit que vous ; c'est lui qui en a* LE PLUS. Mais on dit bien : *cela me plaît* DAVANTAGE.

3° SI et AUSSI, TANT et AUTANT, employés comme comparatifs, demandent après eux la conjonction QUE et non la conjonction COMME : *il est aussi sage que vaillant, et non* COMME *vaillant*.

4°
AUSSI et SI se joignent aux adjectifs et aux adverbes : *il est* AUSSI *vaillant que son père ; il parle* SI *éloquemment*.
AUTANT et TANT se joignent aux substantifs et aux verbes : *il a* TANT *d'ennemis ; il a* AUTANT *d'amis que vous ; il a* TANT *couru*.

5°
AUSSI et AUTANT marquent la comparaison : *il est* AUSSI *généreux que vous ;* AUTANT *de fruits que de fleurs*.
SI et TANT marquent l'étendue : *nous avons* TANT *parlé ; il est* SI *bon*, SI *complaisant*. Avec une négation ils peuvent marquer la comparaison.

6°
PLUS TOT, en deux mots, est l'opposé de plus tard : *il vaut mieux arriver* PLUS TÔT *que plus tard*.
PLUTOT, en un mot, exprime la préférance : PLUTÔT *mourir que de trahir*.

7°
TOUT-A-COUP signifie soudainement, sans qu'on s'y attende : *je me sentis* TOUT-A-COUP *saisir à la gorge*.
TOUT D'UN COUP signifie tout en une fois : *il gagna mille écus* TOUT D'UN COUP.

8°
DE SUITE signifie successivement, l'un après l'autre : *il ne saurait dire deux mots* DE SUITE.
TOUT DE SUITE signifie sur le champ : *il faut obéir* TOUT DE SUITE.

Emp. de la Négation.

La NÉGATION (*Adverbe de Négation*) se compose de NE, NE PAS, NE POINT. NE est la plus faible, NE POINT la plus forte, NE PAS la négation intermédiaire. On l'emploie :

1° Dans les propositions dont le sens doit être négatif : *je* NE *veux point vous entendre ; il n'obéit pas*.

2° Rigoureusement après les locutions conjonctives *à moins que, de peur que, de crainte que* : *à moins qu'il* NE *vienne ; de peur que vous* NE *m'attendiez*.

3° Après *autre, autrement, plus que, mieux que, moins que*, et après les verbes *empêcher, craindre, avoir peur, trembler* et *appréhender* : *il parle* AUTREMENT *qu'il n'agit et* PLUS *qu'il* NE *faut*. Cependant on le supprime après ces mots, si le verbe de la proposition précédente en est accompagné : *il* NE *parle pas autrement qu'il agit*.

4° Après le verbe DOUTER précédé d'une négation : *je* NE DOUTE *pas que vous n'ayez raison*. Mais après les verbes *nier* et *disconvenir* l'emploi de *ne* est facultatif.

On supprime la Négation

après les locutions conjonctives SANS QUE, AVANT QUE, et après le verbe DÉFENDRE : *il est parti* SANS QUE *nous l'ayons prévenu*, AVANT *que nous ayons pu lui parler ; je* DÉFENDS *que vous sortiez*.

On supprime pas et point. . . . :

1° Après les verbes CESSER, OSER, POUVOIR : *on ne peut, on n'ose lui parler* ; et après SAVOIR, *employé dans le sens de* POUVOIR : *je ne saurais faire cela*.

2° Après PRENDRE GARDE, lorsqu'il signifie éviter : PRENEZ GARDE *qu'on* NE *vous trompe*.

3° Après une expression dont le sens est négatif, comme *nul, aucun, personne, ni répété, jamais, guère*, etc. : *c'est un enfant qui ne pleure jamais ; nul n'est content de son sort*.

4° Après un COMPARATIF : *il écrit mieux qu'il ne parle*.

5° Après que signifiant POURQUOI : *que n'êtes vous arrivé plus tôt*.

6° Après DEUX NÉGATIONS jointes par NI : *je ne l'estime ni ne l'aime*.

7° Après IL Y A suivi d'une idée de temps, et après DEPUIS QUE, si le verbe exprime un passé : *depuis que je ne l'ai vu ; il y a six mois que je ne lui ai parlé*. Mais si le verbe exprime un présent, on emploie *pas* et *point* : *il y a six mois que nous ne nous parlons point*.

PREPOSITION.

Son emploi. .

1° La PRÉPOSITION est toujours suivie d'un complément ; elle ne peut s'employer d'une manière absolue comme l'adverbe : *il va* À *Paris ; il sort* DE *chez lui ; il demeure* DANS *la rue Neuve*. Cependant on dit bien : *il a parlé* POUR ET CONTRE ; *il ne vient qu'*APRÈS ; *mettez cela* DEVANT OU DERRIÈRE ; *il a eu de l'argent* AVEC.

2° A et OU. A entre deux nombres on laisse supposer un qui est intermédiaire : *de vingt* À *trente personnes ; deux* À *trois livres de sucre*. Mais on dirait : *cinq ou six personnes*, parce que, entre ces deux nombres, il n'est pas possible d'en admettre un d'intermédiaire.

3°
A TRAVERS est toujours suivi d'un complément direct : *à travers les buissons*.
AU TRAVERS est suivi de la préposition DE : *au travers des buissons ; au travers du corps*.

4°
PRÈS DE exprime la proximité, le voisinage : *il demeure* PRÈS DE *l'église*.
AUPRÈS DE, outre la proximité, le voisinage, exprime encore le séjour, la présence habituelle d'une personne auprès d'une autre : *vivre* AUPRÈS DE *ses parents*.

5°
DE peut se supprimer dans le style familier, après VIS-A-VIS, PROCHE, PRÈS, HORS, EN FACE, et dans l'énonciation des QUANTIÈMES : *il demeure* VIS-A-VIS *l'église*, PROCHE *la place ; il est parti le cinq février*.
DE doit se répéter, dans une comparaison, avant chaque terme comparé : *quel est le plus brave* D'*Alexandre ou* DE *César*.

6°
EN marque le temps employé à faire une action : *il peut faire cet ouvrage* EN *trois jours*.
DANS marque le terme de l'action : *il aura fini* DANS *trois jours* ; ou le terme d'une époque : *je partirai* DANS *trois jours*.

7°
ENTRE se dit de deux objets ou d'un plus grand nombre : ENTRE *Paris et Lyon ; il a été trouvé* ENTRE *les morts*.
PARMI se dit de plus de deux objets, et s'emploie avec un nom collectif : PARMI *les honnêtes gens* ; PARMI *la foule*.

8°
QUANT A, est une locution prépositive qui signifie à l'égard de : QUANT A *moi, j'y consens* ; QUANT A *votre conduite, je me tais*.
QUAND est un adverbe qui signifie lorsque, à quelle époque : QUAND *viendrez-vous ?* QUAND *j'aurai fini*.

9°
VOICI désigne les personnes ou les choses les plus proches, et se rapporte à ce qui suit : VOICI *mes livres, et* VOILA *les vôtres* ; VOICI *deux bons médecins ; doux exercice et modeste repas*.
VOILA désigne les personnes ou les choses les plus éloignées, et se rapporte à ce qui précède : *doux exercice et modeste repas*, VOILA *deux bons médecins*.

10°
DEPUIS... JUSQU'A. / DE... A. . . . . — On dit *depuis Paris jusqu'à Genève* / *de Paris à Genève* . . . . et non *de Paris jusqu'à Genève*. / *depuis Paris à Genève*.

Sa répétition.

1° A, DE, EN
se répètent avant chaque complément : *il aime* À *chanter et* À *rire ; il parle* DE *vous et* DE *moi*, etc. L'académie dit : *en allées et venues*.
ne se répètent pas,
1° lorsque les compléments sont à peu près synonymes : *dans l'oisiveté et la paresse*.
2° avant plusieurs adject. de nombre : *dans sept ou huit jours ; à cinq ou six heures*.

Pour la répétition des autres prépositions, c'est le goût qui en décide.

2° SANS peut se remplacer par NI avant le second complément : *sans force* NI *vertu*. Il se répète avec la conjonction NI : *sans force* NI SANS *vertu*.

CONJONCTION. Son emploi. .

1°
ET sert à lier les propositions dont la principale est affirmative, ou les parties semblables d'une proposition affirmative : *je lui ai écrit* ET *il ne m'a pas répondu ; je chéris mon père* ET *ma mère*.
NI sert à lier les propositions dont la principale est négative, ou les parties semblables d'une proposition négative : *il ne mange* NI *ne dort depuis deux jours ; il n'est* NI *bon* NI *méchant*.

2°
AUTANT QUE marque la comparaison : *on est heureux* QU'AUTANT *qu'on est honnête*.
D'AUTANT QUE signifie *vu, attendu que* : *à votre place, je ne ferais point cela*, D'AUTANT QUE *rien ne vous y oblige ; c'est-à-dire vu que rien*, etc.

3° PLUS, MIEUX, MOINS, répétés dans une phrase, ne doivent pas être liés par une conjonction : PLUS *je le vois*, PLUS *je l'estime, et non* ET PLUS.

4°
PARCE QUE, en deux mots, signifie *attendu que* : *je le veux* PARCE QUE *cela est juste ; attendu que cela*, etc.
PAR CE QUE, en trois mots signifie par la chose ou par les choses que : PAR CE QUE *vous dites, on voit que vous avez tort ; c'est-à-dire par les choses que vous dites*.

5°
QUOIQUE, en un mot, signifie *bien que* : QUOIQUE *vous soyez pauvre, soyez honnête ; c'est-à-dire bien que vous soyez*, etc.
QUOI QUE, en deux mots, signifie *quelque chose que* : QUOI QU'*il fasse il est blâmé ; c'est-à-dire quelque chose qu'il fasse*.

INTERJECTION. Son emploi. .

1°
AH ! marque la joie, l'admiration, la peine : AH ! *que je suis heureux !* AH ! *que la nature est belle !* AH ! *que je souffre !*
HA ! marque la surprise : HA ! *vous voilà !* HA ! *voici mon frère !*

2°
EH ! marque la surprise, l'étonnement : EH ! *qui aurait pu le croire !*
HÉ ! sert pour appeler : HÉ ! *venez ici*.

3°
OH ! marque la surprise et l'admiration : OH ! *prenez garde !* OH ! *que la vertu est digne d'envie !*
HO ! sert pour appeler : HO ! *venez vite ;* HO ! HO ! *arrêtez votre voiture*.
O, s'emploie dans la prière, dans l'invocation : O *vous qui m'écoutez...* ; O *mon Dieu !* O *mon père !*

4°
EH BIEN ! exprime le sentiment : *je l'attendais*, EH BIEN ! *il n'est pas venu*.
HÉ BIEN ! exprime l'impatience : HÉ BIEN ! *qu'attendez-vous ?*

Imp. [illegible]

1844

REMARQUES PARTICULIÈRES.

Infinitifs employés comme compléments d'un verbe.

Un verbe à l'infinitif peut être employé comme complément d'un autre verbe, sans préposition, ou à l'aide des prépositions A ou DE.

VERBES

Qui régissent, sans préposition, l'infinitif qui les suit :

Aimer mieux,	Assurer,	Soutenir,	Prétendre,
Aller,	Rapporter,	Nier,	Souhaiter,
Venir,	Affirmer,	Croire,	Valoir mieux,
Envoyer,	Avouer,	Compter,	Témoigner,
Déclarer,	Confesser,	Espérer,	Mener,
Dire,	Déposer,	Désirer,	Pouvoir, etc.

Exemples :

J'*aime mieux* les souffrir que de les mériter. (Corneille.)

Et l'on *vous va*, Seigneur, livrer votre victime. (Racine.)

Il *compte* partir demain. (Académie.)

Il *espère* revivre en sa postérité. (Racine.)

VERBES

Qui régissent la préposition DE avant l'infinitif qui les suit :

Achever,	Conseiller,	S'étonner,	Presser,
Affecter,	Conclure,	Se hâter,	Tâcher,
Affliger,	Convenir,	Justifier,	Prescrire,
Arrêter,	Contraindre,	Hésiter,	Redouter,
Appréhender,	Craindre,	Se garder,	Refuser,
Attendrir,	Désoler,	S'impatienter,	Sommer,
Avertir,	Décourager,	S'indigner,	Soupçonner,
S'abstenir,	Délibérer,	Méditer,	Se repentir,
S'apercevoir,	Différer,	Négliger,	Se soucier,
S'aviser,	Se dépêcher,	Manquer,	Se vanter,
S'attrister,	Se déshabituer,	Résoudre,	Se retenir,
Chagriner,	Se désaccoutumer,	Oublier,	Se rebuter,
Casser,	Enjoindre,	Persuader,	Se plaindre,
Commander,	S'exempter,	Plaindre,	Se piquer, etc.

Exemples :

Vérité que j'implore, *achève de* descendre. (Racine.)

Nous *affectons* souvent *de* louer avec exagération des hommes assez médiocres. (La Bruyère.)

Grand roi, *cesse de* vaincre, ou je *cesse d'*écrire. (Boileau.)

Je lui *conseillerais de* s'assurer d'un autre. (P. Corneille.)

VERBES

Qui régissent la préposition A devant l'infinitif qui les suit :

Avoir,	Destiner,	Perdre,	Rester,
Être,	Donner,	Porter,	S'occuper,
Aimer,	Se disposer,	Pousser,	S'engager,
Exhorter,	Encourager,	Adhérer,	Se déterminer,
Apprendre,	Engager,	Aider,	Se résoudre,
Enseigner,	Exciter,	Condescendre,	S'exposer,
S'apprêter,	Inviter,	Se plaire,	Se préparer,
Autoriser,	S'exercer,	Se déplaire,	Se disposer,
Chercher,	Exhorter,	Pardonner,	S'opiniâtrer,
Condamner,	Habituer,	Parvenir,	S'obstiner,
Contribuer,	S'habituer,	Persister,	Se retrancher,
Inviter,	Accoutumer,	Se mettre,	Répugner,
Demeurer,	S'accoutumer,	Penser,	Attendre,
Tarder,	Incliner,	Songer,	Consentir, etc.

Exemples :

Qui voudra *s'abaisser à* me servir d'appui ? (Boileau.)

L'homme n'*aime* point *à* s'occuper de son néant et de sa bassesse. (Massillon.)

L'allégresse du cœur *s'augmente à* la répandre. (Molière.)

La libéralité *consiste* moins *à* donner beaucoup qu'à donner à propos. (La Bruyère.)

VERBES

Qui régissent facultativement la préposition A ou la préposition DE devant l'infinitif qui suit :

Contraindre,	Risquer,	Craindre,	Forcer,
S'occuper,	Essayer,	Demander,	Engager,
Obliger,	Venir,	S'empresser,	Exhorter,

VERBES

Qui régissent A ou DE, selon le sens qu'on leur donne.

Commencer,	Être,	Manquer,	S'efforcer,	Prier,
Continuer,	Laisser,	Oublier,	Participer,	Tarder.

Commencer.

COMMENCER A, désigne une action qui aura du progrès, de l'accroissement : *cet enfant commence à parler, à lire, à écrire.*

COMMENCER DE, désigne une action qui aura de la durée : *il a commencé d'écrire une lettre.*

Continuer.

CONTINUER A, exprime que l'on fait une chose sans interruption : *continuez à bien vivre.*

CONTINUER DE, exprime que la chose est faite avec interruption : *continuez de vous former le style.*

Être.

C'EST A VOUS A, éveille une idée de tour : *c'est à mon tour à parler.*

C'EST A VOUS DE, marque une idée de droit, de devoir : *c'est au maître de parler, au disciple d'écouter.*

Laisser.

LAISSER A, avec la signification de transmettre : *ne laisse point un enfant à soigner à une autre mère.*

LAISSER DE, dans le sens de cesser, s'abstenir, discontinuer, et avec la négative : *il ne laissait pas de se faire craindre.*

Manquer.

MANQUER A, signifie ne pas faire ce que l'on doit à l'égard de quelqu'un : *on n'estime pas celui qui manque à remplir ses devoirs.*

MANQUER DE, a le sens d'oublier ou d'être assuré de faire quelque chose : *qui cherche Dieu de bonne foi ne manque jamais de le trouver.* Il signifie aussi sur le point de : *il a manqué de tomber.*

Oublier.

OUBLIER A, signifie perdre l'usage, l'habitude de faire une chose : *il a oublié à danser, à lire.*

OUBLIER DE, quand il s'agit d'un manque de mémoire : *il a oublié de s'acquitter de votre commission.*

S'efforcer.

S'EFFORCER A, signifie employer toute sa force : *ne vous efforcez point à soulever ce fardeau.*

S'EFFORCER DE, signifie employer son industrie pour parvenir à une fin : *chacun doit s'efforcer d'acquérir des connaissances.*

Participer.

PARTICIPER A, signifie avoir part à : *c'est participer en quelque sorte au crime, que de ne pas l'empêcher quand on le peut.*

PARTICIPER DE, signifie tenir de la nature de : *les pierres dont on tire l'alun, participent du plomb.*

Prier.

PRIER A, signifie inviter à : *prier quelqu'un à dîner, à déjeuner.*

PRIER DE, signifie demander avec instance : *priez-le de venir nous voir.*

Tarder.

TARDER A, se dit lorsqu'il est employé comme verbe personnel : *il a bien tardé à venir.*

TARDER DE, lorsqu'il est employé impersonnellement : *il me tarde de le voir.*

Remarques sur l'emploi de quelques mots.

Aider.

AIDER QUELQU'UN, c'est l'assister, le seconder, le servir par son crédit ou ses conseils : *il a aidé son frère qui était dans la gêne.*

AIDER A QUELQU'UN, c'est partager ses efforts, se mêler à son travail : *aidez à cet homme à porter son fardeau.*

Avoir l'air.

CETTE FEMME A

- L'AIR BON. L'adjectif s'accorde avec le substantif AIR, lorsque c'est ce nom qui est visiblement qualifié et non la personne ou la chose dont on parle : *cette femme a l'air bon, gracieux, spirituel* ; bon, gracieux, spirituel s'accordent avec air, car ce n'est point la femme qui est qualifiée ; elle a l'air *bon, gracieux, spirituel*, et elle pourrait n'être ni *bonne*, ni *gracieuse*, ni *spirituelle*.
- L'AIR FACHÉE. Lorsque le substantif AIR ne peut pas recevoir la qualification de l'adjectif, celui-ci s'accorde avec le nom de la personne ou de la chose dont on parle, on dit : *cette femme a l'air mal faite* ; *elle a l'air troublée*, parce qu'un *air* ne peut être *mal fait*, ni *troublé*. On dit de même : *ces pommes ont l'air cuites*. Cependant dans ce cas, il est mieux de dire : *cette femme a l'air d'être mal faite, elle paraît troublée* ; *ces pommes ont l'air d'être cuites.*

Anoblir, Ennoblir.

ANOBLIR, signifie conférer un titre de noblesse : *la famille de Jeanne d'Arc a été anoblie.*

ENNOBLIR, signifie donner de l'élévation, de l'illustration : *ses vertus l'ennoblissent.*

Assurer.

ASSURER QUELQU'UN, c'est l'engager à regarder une chose comme certaine, c'est témoigner : *assurez votre père de mon estime, de mon dévouement.*

ASSURER A QUELQU'UN, c'est certifier une chose à quelqu'un : *il assura à tout le monde que ce malheur était arrivé.*

Consommer, consumer.

CONSOMMER, signifie achever, mettre à fin, détruire par l'usage : *consommer un sacrifice* ; *il a consommé sa provision de bois et de vin.*

CONSUMER, signifie détruire, user, réduire à rien : *le feu consume tout* ; *cette maladie le consume.* Avec le pronom personnel, il signifie dissiper son bien, détruire sa santé, épuiser ses forces : *il se consume d'ennui* ; *il se consume en procès.*

Déjeuner, Dîner.

DÉJEUNER DE, DINER DE, se dit en parlant des choses : *déjeuner d'un pâté* ; *dîner d'un poulet.* Cependant on dit aussi : *déjeuner avec du beurre et des radis.*

DÉJEUNER, DINER AVEC, se dit en parlant des personnes : *déjeuner, dîner avec un ami.*

Emprunter.

EMPRUNTER A OU DE, avec un complément indirect de personne : *il a emprunté cent francs d'un ami ou à un ami.*

EMPRUNTER DE, avec un complément indirect de chose : *la lune emprunte sa lumière du soleil.*

Entendre raillerie.

ENTENDRE LA RAILLERIE, c'est avoir le talent de railler : *il raille toujours sans blesser.*

ENTENDRE RAILLERIE, c'est bien ou mal prendre la raillerie dont on est l'objet : *il n'entend pas raillerie.*

Envier.

ENVIER, se dit des personnes et des choses : *j'envie votre santé* ; *il envie tout le monde.*

PORTER ENVIE ne se dit que des personnes : *il porte envie à son frère.*

Infester, Infecter.

INFESTER, signifie ravager, désoler, piller : *les rats infestent cette maison.*

INFECTER, signifie gâter, corrompre, empoisonner : *l'air est infecté par ce marais.*

Insulter.

INSULTER QUELQU'UN, c'est l'outrager, l'injurier : *il a insulté son ami par les termes les plus outrageants.*

INSULTER A QUELQU'UN, signifie manquer aux égards que l'on doit aux personnes.

Matineux, matinal.

MATINEUX, veut dire qui a l'habitude de se lever matin : *votre ami est matineux.*

MATINAL, signifie qui s'est levé matin : *vous êtes bien matinal aujourd'hui.*

Se rappeler.

SE RAPPELER, veut un régime direct : *je me rappelle cette circonstance.* Cependant on emploie la préposition DE devant un infinitif : *je me rappelle de l'avoir vu.*

Témoin.

A TÉMOIN, et TÉMOIN au commencement d'une phrase sont invariables : *messieurs je vous prends à témoin. Témoin l'anarchie qui en a été la suite.*

TÉMOIN, varie dans tous les autres cas : *mes amis me serviront de témoins* ; *je les prends pour témoins.*

Caen ..., typ. ...

Atlas Grammatical.

SYNTAXE-CONSTRUCTION.

ANALYSE LOGIQUE ET PONCTUATION.

16e TABLEAU.

Analyse logique et Ponctuation.

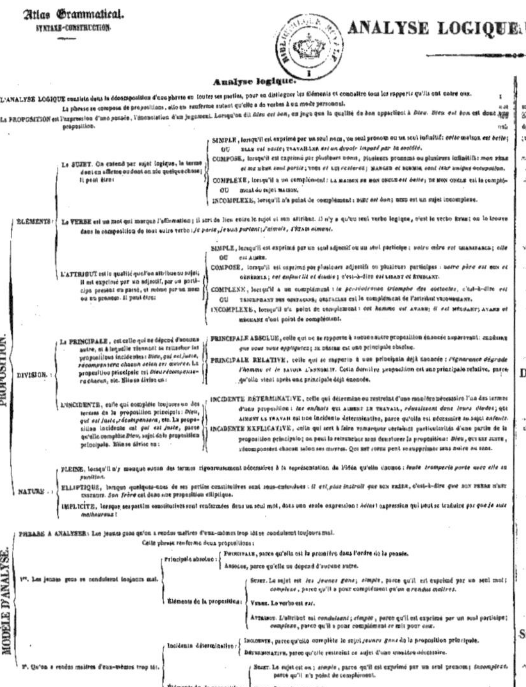

Analyse logique.

L'ANALYSE LOGIQUE consiste dans la décomposition d'une phrase en toutes ses parties, pour en distinguer les éléments et connaître tous les rapports qu'ils ont entre eux.

La phrase se compose de propositions, elle en renferme autant qu'elle a de verbes à un mode personnel.

La PROPOSITION est l'expression d'une pensée, l'énonciation d'un jugement. Lorsqu'on dit *Dieu est bon*, on juge que la qualité de *bon* appartient à *Dieu*. *Dieu est bon* est donc une proposition.

PROPOSITION.

- **ÉLÉMENTS :**
  - Le SUJET. On entend par sujet logique, le terme dont on affirme ou dont on nie quelque chose ; il peut être :
    - SIMPLE, lorsqu'il est exprimé par un seul nom, un seul pronom ou un seul infinitif : *cette* MAISON *est belle* ; ELLE *est vaste* ; TRAVAILLER *est un devoir imposé par la société*.
    - OU COMPOSÉ, lorsqu'il est exprimé par plusieurs noms, plusieurs pronoms ou plusieurs infinitifs : *mon* FRÈRE *et ma* SŒUR *sont partis* ; VOUS *et* LUI *resterez* ; MANGER *et* DORMIR *sont leur unique occupation*.
    - COMPLEXE, lorsqu'il a un complément : LA MAISON DE MON ONCLE *est belle* ; DE MON ONCLE est le complément du sujet MAISON.
    - OU INCOMPLEXE, lorsqu'il n'a point de complément : DIEU *est bon* ; DIEU est un sujet incomplexe.
  - Le VERBE est un mot qui marque l'affirmation ; il sert de lien entre le sujet et son attribut. Il n'y a qu'un seul verbe logique, c'est le verbe ÊTRE ; on le trouve dans la composition de tout autre verbe : *je parle*, *je suis parlant* ; *j'aimais*, *j'*ÉTAIS *aimant*.
  - L'ATTRIBUT est la qualité que l'on attribue au sujet ; il est exprimé par un adjectif, par un participe présent ou passé, et même par un nom ou un pronom. Il peut être :
    - SIMPLE, lorsqu'il est exprimé par un seul adjectif ou un seul participe : *votre mère est* CHARITABLE ; *elle est* AIMÉE.
    - OU COMPOSÉ, lorsqu'il est exprimé par plusieurs adjectifs ou plusieurs participes : *votre père est* BON *et* GÉNÉREUX ; *cet enfant lit et étudie* ; c'est-à-dire *est* LISANT *et* ÉTUDIANT.
    - COMPLEXE, lorsqu'il a un complément : *la persévérance triomphe des obstacles*, c'est-à-dire *est* TRIOMPHANT DES OBSTACLES ; OBSTACLES est le complément de l'attribut TRIOMPHANT.
    - OU INCOMPLEXE, lorsqu'il n'a point de complément : *cet homme est* AVARE ; *il est* MÉCHANT ; AVARE et MÉCHANT n'ont point de complément.
- **DIVISION :**
  - La PRINCIPALE, est celle qui ne dépend d'aucune autre, et à laquelle viennent se rattacher les propositions incidentes : *Dieu, qui est juste, récompensera chacun selon ses œuvres*. La proposition principale est *Dieu récompensera chacun*, etc. Elle se divise en :
    - PRINCIPALE ABSOLUE, celle qui ne se rapporte à aucune autre proposition énoncée auparavant : OBSERVEZ *que vous vous appliquez* ; OBSERVEZ est une principale absolue.
    - PRINCIPALE RELATIVE, celle qui se rapporte à une principale déjà énoncée : *l'ignorance dégrade l'homme et le* SAVOIR L'ENNOBLIT. Cette dernière proposition est une principale relative, parce qu'elle vient après une principale déjà énoncée.
  - L'INCIDENTE, celle qui complète toujours un des termes de la proposition principale : *Dieu, qui est juste, récompensera*, etc. La proposition incidente est *qui est juste*, parce qu'elle complète *Dieu*, sujet de la proposition principale. Elle se divise en :
    - INCIDENTE DÉTERMINATIVE, celle qui détermine ou restreint d'une manière nécessaire l'un des termes d'une proposition : *les enfants* QUI AIMENT LE TRAVAIL, *réussissent dans leurs études* ; QUI AIMENT LE TRAVAIL est une incidente déterminative, parce qu'elle est nécessaire au sujet *enfants*.
    - INCIDENTE EXPLICATIVE, celle qui sert à faire remarquer certaines particularités d'une partie de la proposition principale ; on peut la retrancher sans dénaturer la proposition : *Dieu*, QUI EST JUSTE, *récompensera chacun selon ses œuvres*. QUI EST JUSTE peut se supprimer sans nuire au sens.
- **NATURE :**
  - PLEINE, lorsqu'il n'y manque aucun des termes rigoureusement nécessaires à la représentation de l'idée qu'elle énonce : *toute tromperie porte avec elle sa punition*.
  - ELLIPTIQUE, lorsque quelques-uns de ses parties constitutives sont sous-entendues : *il est plus instruit que son frère*, c'est-à-dire *que* SON FRÈRE N'EST INSTRUIT. *Son frère* est donc une proposition elliptique.
  - IMPLICITE, lorsque ses parties constitutives sont renfermées dans un seul mot, dans une seule expression : *hélas !* expression qui peut se traduire par *que je suis malheureux !*

MODÈLE D'ANALYSE.

PHRASE A ANALYSER : Les jeunes gens qu'on a rendus maîtres d'eux-mêmes trop tôt se conduisent toujours mal.

Cette phrase renferme deux propositions :

- 1re. Les jeunes gens se conduisent toujours mal.
  - Principale absolue :
    - PRINCIPALE, parce qu'elle est la première dans l'ordre de la pensée.
    - ABSOLUE, parce qu'elle ne dépend d'aucune autre.
  - Éléments de la proposition :
    - SUJET. Le sujet est *les jeunes gens* ; *simple*, parce qu'il est exprimé par un seul mot ; *complexe*, parce qu'il a pour complément *qu'on a rendus maîtres*.
    - VERBE. Le verbe est *est*.
    - ATTRIBUT. L'attribut est *conduisant* ; *simple*, parce qu'il est exprimé par un seul participe ; *complexe*, parce qu'il a pour complément *se* mis pour *eux*.
- 2e. Qu'on a rendus maîtres d'eux-mêmes trop tôt.
  - Incidente déterminative :
    - INCIDENTE, parce qu'elle complète le sujet *jeunes gens* de la proposition principale.
    - DÉTERMINATIVE, parce qu'elle restreint ce sujet d'une manière nécessaire.
  - Éléments de la proposition :
    - SUJET. Le sujet est *on* ; *simple*, parce qu'il est exprimé par un seul pronom ; *incomplexe*, parce qu'il n'a point de complément.
    - VERBE. Le verbe est *a été*.
    - ATTRIBUT. L'attribut est *rendant* ; *simple*, parce qu'il est exprimé par un seul participe ; *complexe*, parce qu'il a pour complément *que* mis pour *lesquels jeunes gens*, *maîtres*, etc.

Ponctuation.

La ponctuation est l'art de distinguer par des signes convenus, les phrases dont se forme le discours et les différents membres dont elles sont composées. Les signes de la ponctuation sont : 1° LE POINT ; 2° LE POINT VIRGULE ; 3° LES DEUX POINTS ; 4° LA VIRGULE. On peut y ajouter comme signes particuliers les GUILLEMETS et le TIRET. L'art de la ponctuation (N. Landais) doit se régler sur deux bases également essentielles : sur la nécessité de respirer, après avoir prononcé une phrase d'une certaine étendue, et sur la subordination des propositions incidentes à la proposition principale, et encore sur celle des sens partiels au sens total.

SIGNES De la ponctuation.

- **Le POINT ; quatre sortes :**
  - Le POINT SIMPLE (.). On l'emploie après toute phrase dont le sens est absolument terminé, pour la distinguer de celle qui suit : *deux écoliers de la ville feront plus de dégât dans un pays, que la jeunesse de tout un village. Cependant les enfants des villageois sont bien loin de ce qu'ils devraient être.*
  - Le POINT INTERROGATIF (?). On l'emploie à la fin de toute phrase qui interroge ; soit que l'interrogation se trouve dans la forme, soit qu'elle existe seulement dans le sens : *que faisiez-vous au temps chaud ? — Que pensez-vous faire ?*
  - Le POINT ADMIRATIF (!). On l'emploie à la fin des phrases qui expriment la terreur, la surprise, ou quelque émotion profonde : *Dieux ! que l'impatience est un cruel tourment ! — Pendant qu'il me parlait, ô surprise ! ô terreur !*
  - Les POINTS SUSPENSIFS (....). Ils servent à indiquer une interruption dans le sens : *par la mort.... Il n'acheva pas, car il avait l'âme trop bonne.*
- **POINT-VIRGULE (;). On l'emploie :**
  - 1° Pour séparer les parties principales d'une phrase, dont les divisions subalternes exigent la virgule : *le tracas des enfants, qu'on croit importun, devient agréable ; il rend le père et la mère plus nécessaires, plus chers l'un à l'autre ; il resserre le lien conjugal.*
  - 2° Pour séparer deux propositions dont la seconde pourrait disparaître sans que l'autre cessât d'avoir un sens : *il est son parent ; disons mieux, il est son ami.*
- **DEUX POINTS (:). On les emploie :**
  - 1° Entre les deux parties d'une phrase dont le sens est également complet, mais qui se rapportent l'une à l'autre : *point d'ennemis, ma chère enfant : faites-vous une maxime de cette pensée, qui est aussi chrétienne que politique.*
  - 2° Après une proposition générale, suivie d'une énumération : *il y a dans l'homme deux principes opposés : l'amour propre, qui nous rappelle à nous ; et la bienveillance qui nous répand.*
  - 3° Après toute proposition qui annonce une citation : *Amélie disait à son petit frère : donnez-moi la main, nous arriverons ensemble.*
- **La VIRGULE (,). On l'emploie :**
  - 1° Entre toutes les parties d'une énumération : *il sait régler ses goûts, ses travaux, ses plaisirs. — L'attelage suait, soufflait, était rendu.*
  - 2° Entre deux propositions d'une certaine étendue : *celui qui met un frein à la fureur des flots, sait aussi des méchants arrêter les complots.*
  - 3° Avant et après toute proposition incidente purement explicative, parce qu'on pourrait la supprimer sans nuire au sens : *les passions*, qui sont les maladies de l'âme, *ne viennent que de notre révolte contre la raison.*
  - 4° On met de même entre deux virgules les mots en apostrophe, et toute incise, comme *dit-on*, *répondit-il*, *peut-être*, etc. : *entrez*, monsieur, dit-il, *on vous attend.*

Signes particuliers.

- Les GUILLEMETS (« »). Ce signe sert à distinguer du récit ordinaire un discours cité : *Fléchier peint ainsi Louis XI : « Ce prince, toujours « soupçonneux et toujours inquiet, traînait dans une triste retraite les misérables restes d'une vie qu'il avait passée à troubler les « autres et à s'inquiéter lui-même. »*
- Le TIRET (—). Ce signe indique le changement d'interlocuteur. Il remplace les *dit-il*, *reprit-il*, etc. : *dites-moi : n'y suis-je point encore ? — Nenni. — M'y voici donc ? — Point du tout. — M'y voilà. — Vous n'en approchez point.*

REMARQUE. Le premier soin qu'on doit avoir lorsqu'on ponctue, c'est de reconnaître où il faut mettre le point. Le point une fois placé, il faut voir si l'on peut ou si l'on ne peut pas diviser ou sous-diviser la phrase. (LEMARE.)

Caen, typ. [illegible]

1844

Tout exemplaire non revêtu de la signature de l'Auteur, sera réputé contrefait.

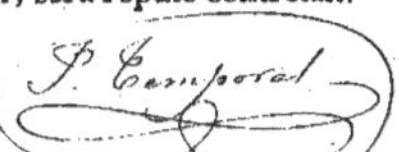

www.ingramcontent.com/pod-product-compliance
Lightning Source LLC
LaVergne TN
LVHW010043230826
846091LV00005B/1835

9782011302403